OHSAMA BUNKO

もっと運がよくなる
血液型別「そうじ力」

舛田光洋

三笠書房

もくじ

第2章 《血液型別》運気が上がる「そうじ力」実践法
——楽しんでやれば、みるみる好転！

願いをかなえる「そうじ力」

第4章 「そうじ力」と血液型で効果が倍増！

――〝組み合わせ〟でいいことをどんどん引きよせる！

第5章 「そうじ力」効果を即実感できる絶対法則 ——これが夢をかなえる一番の近道

本文イラストレーション●岡本典子
編集協力●清水きよみ

はじめに――「そうじ力」に失敗はありません
血液型との組み合わせで、確実に結果が出ます！

私が子どもの頃の話です。

年の暮れ、恒例の大掃除の日、父が母と私と妹を前に、各々がそうじする場所を発表します。母はキッチン、妹はお風呂と洗面所、私は窓ガラスとトイレ、父は換気扇と車です。

「それぞれ与えられた場所に感謝を込めて、今年一年の汚れを取りのぞこう！　それでは開始！」

父の号令とともに、舛田家の大掃除の始まりです。

私は、まず窓ガラスから取りかかろうと、道具類を家の外にある物置に取りに行きました。

ところが物置に入ってみると乱雑にモノがあふれ、ホコリもたまっている状態。そこで、先に物置を片づけることにしました。

するると物置を片づけることに夢中になりすぎて、気がつけばそこにあるモノをすべて外に出して、物置の徹底そうじをしていました。

すでに数時間が過ぎ、ちょっとひと息入れようと家の中に戻ったときのことです。トイレに入ろうとして扉をあけると、そこにはトイレと格闘する父の姿が……。

「あれ、なんでトイレやってるの？」

「いや、お前がやっていないからお父さんがやってあげようと思って」

二人でそんな会話をしていると、

「休憩なの？」

と、風呂そうじをしているはずの妹が、自分の部屋がある二階から降りてきます。

「あれ、お風呂やってないの？」

「うん、いま部屋の掃除。先に自分のところからやろうかと思ってさ」

「お母さんは？」

「タンスの整理してるみたいよ」

決められた場所をそうじしている者はひとりもいない。
それぞれが、好きなところから始めていました。

どうしてこんなことになったのでしょうか。
実はうちの家族は全員、血液型がB型だったのです。

本書は「血液型」と「そうじ力」の関係がテーマです。

「そうじ力」には、運命を好転させる力があることをご存じですか?
モノがあふれ、汚れている部屋をきれいにすることで、マイナスエネルギーを追い出す「マイナスを取りのぞくそうじ力」。もうひとつは、そこに感謝を込めることによって、プラスのエネルギー空間をつくる「プラスを引きよせるそうじ力」。
この二つによって、運命が劇的に好転していくのです。

そこに、「血液型」を加味していくものです。

日本人にとっては、血液型による性格の類型化はとてもなじみ深いものでしょう。A型、B型、O型、AB型、あなたも自分の血液型を知っていることと思います。

「そうじ力」の力はわかっていても、忙しさにかまけてなかなか実行に移せなかったり、そうじをするのがおっくうになることもあるでしょう。

実は、そんなときに「血液型」に合わせてやり方を工夫すると、驚くほどうまくいくことがわかってきました。

そもそも、私が「血液型」に注目したのにはワケがあります。

以前、私が代表を務めていたハウスクリーニングの会社では、四人でチームを組んで作業を進めていました。あとで気づいたのですが、偶然、その四人は全員異なる血液型でした。

A型の男性は、几帳面で、隅々まできちんとやらないと気がすまないタイプ。

逆に、細かいところに気をとられて、時間がかかっていました。とはいえ、時間的にも作業的にも、いつも平均的に仕上げていくことができました。

B型の女性は、自分なりのこだわりを強く持っていて、こだわる場所に関しては、誰よりも完璧に仕上げます。

ですから、全体的な作業としては、とにかく時間がかかりました。また、形から入るというか、自分なりのこだわりの「道具」をそろえることにも熱心でした。

O型の男性は、誰よりも早く仕事にとりかかり、いつも一番に仕事を終えるのですが、途中で投げ出したり、仕事が雑になることもありました。でも、最終的に一番早く仕上げるタイプでもありました。

AB型の男性は、最初にスケジュールをきっちり決めて、そのルールに従って作業を進めていました。彼がリーダーになると、すべてがバランスよく効率的な計画表が組まれ、そのため仕事が遅れることは一切ありませんでした。

そうです。血液型によってそうじのやり方がまるで違っていたのです。

このことに気づいてからというもの、血液型に関する資料を読んだり、実際に「そうじ力」を実践されている方の血液型とそうじの傾向を聞いたりするようにしました。するとそのうちに、そうじ力と血液型の組み合わせに、あるルールがあることがわかりました。

もちろん、環境や後天的な性格の問題もありますから、このルールが誰にでもきっちりそのまま当てはまるということはないかもしれません。

しかし、私のまわりの人に実践してもらったところ、それぞれの血液型のやり方に合わせると、そうじが想像以上にスムーズにいく事実が判明したのです。

つまり、「そうじ力」は、行なう人の性格や習慣を反映しやすいものだったのです。

血液型はその人の特徴や傾向を一番顕著に表わします。

ですから、それぞれの血液型の特徴を生かしたアドバイスをすると、目に見えて「そうじ力」の効果が上がるようになるのです。

「そうじ力」に失敗はありません。

何かひとつでも実践すれば、昨日より今日、今日よりは明日……と、確実にあなたの運命を好転させることができます。

そして、誰もが持つ、得意な分野、不得意な分野を血液型別の傾向に当てはめて実践していくと、もっともっと効果が高まるのです。本書ではそのためのテクニックを紹介しています。

さあ、まずは実践あるのみ。

「そうじ力」初体験の人も、ちょっと挫折してしまった人も、さらにもっと効果を実感したい人も、血液型に合うやり方でさっそく始めてみてください。

本書のやり方で、楽しみながらそうじをすることで、あなたに備わっている本来の輝きが、より一層ひき立つことを、心よりお祈りしております。

舛田光洋

第1章

血液型でここまで違う！
自分を変える「そうじ力」

——いままで気づかなかったこの効果！

「そうじ力」の効果、実感できていますか?

先日メールでこんな相談を受けました。

「『そうじ力』の本を読んで、さっそく自分もやってみよう! と、すぐその気になっても結局、部屋の中をちょっと片づけただけで終わってしまう……。要らないものを捨てようと思っても、実際に始めると、それほど捨てるものがない……。いつも中途半端で終わってしまいます」

この方は結婚半年のA子さん。
結婚後も仕事を続けていて、忙しい毎日を送っているそうです。
「そうじ力」の理論に従って、まずは朝の換気から始めているとのことですが、「人生が劇的に変わった!」というところまではいっていないようでした。

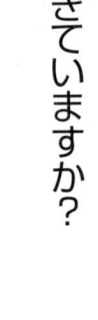

「明日こそはガラクタを捨てよう、着ていない洋服が詰まっているクローゼットも整理しよう、夫の本棚にあふれている本をなんとかしよう、と思いながらも、なかなかうまくいかず、自己嫌悪です（笑）」

仕事も私生活もそれなりに充実しているそうですが、何かひとつ物足りなさを感じているようでした。

おかげさまで多くの方々に「そうじ力」が受け入れられ、実践していただいていますが、そのプロセスで生じる、「私の場合はどうすればいいの？」という疑問が多く寄せられているのも事実です。

A子さんのように、やる気はあっても、なかなか最後までやり遂げられないとか、自分は実践しているけれど、パートナーや家族が非協力的でうまくいかない、子どもにどう指導していいかわからないなど。悩みは人それぞれ千差万別です。

くり返しになりますが、「そうじ力」のルールは、いたってシンプル。そして本来、誰にでも確実に効果があるものです。

それなのにうまくいかないとき……そんなときに役に立つのが、本書『もっと運がよくなる 血液型別「そうじ力」』です。

「はじめに」でも書いたように「血液型」との組み合わせを知ることで、簡単に「そうじ力」を自分のものにできるのです。

これは、私自身もかなり効果が高いと実感しています。

ですから、「そうじ力」の本を読んでやる気になったのであれば、ここでやり方にちょっと工夫を加えてみてください。それだけであとは驚くような「幸せのスパイラル」が始まります。

先のメールをくださったA子さんに血液型をたずねてみると、A型でした。

A型というのは、慎重な人が多いとよくいわれます。

私が思うに、A型が慎重なのは、性格というより考えすぎているのかもしれません。

たとえば、「このシャツはいつ買ったんだっけ？」などということから、「もう少し暖かくなってきたら着てもいいかも」「ちょっと時代遅れっぽいけど、いつかまた流行するかもしれないし……」と、いろいろ考えるうちに、捨てられなくなってしまう。

また、仕事が終わって家に帰ってきてから始めるのは大変だから、週末にまとめてやろう、とか。自分で自分に言い訳をして腰が重くなってしまうこともあるようです。

これは、捨てられないわけではなく、捨てるまでにかかる時間が長いということ。

こんなふうに、たとえば「捨てる」という作業でも、A型らしいやり方というものがあります。それぞれの血液型について、これから詳しく述べていきますが、血液型による〝性格〟や〝思考のクセ〟の影響は思いのほか大きいのです。

それを明らかにし、どうすれば効率よくそうじができるのか。どうすれば、もっと強力に「そうじ力」を発揮できるのか。

「捨てる」「整理整頓」「汚れ取り」というステップごとに、見ていきましょう。

捨てる――悪いエネルギーを一掃し、新しい自分に生まれ変わる！

要らないものを捨てることによってすっきりするのは、部屋だけではありません。モノを捨てるということは、自分がまとっていた古い殻を捨てるということ。そう、あなたの「心」もクリアになるのです。

「捨てる」を実践するだけで、現在抱えている悩みはもちろん、迷いや過去のわだかまりや自分自身でも気づいていなかった心の内奥の問題が氷解します。

それは、マイナスエネルギーの発生源であるガラクタやゴミがなくなることで、悪い運の流れが、いったんそこで断ち切られるからです。

「捨てたいのに捨てられない」という人は多くいます。

確かに汚れている部屋の「捨てさせないマイナスエネルギー」は強力です。

この「捨てさせないマイナスエネルギー」の誘惑に打ち勝つためには、**何はさておき「換気」です**。窓を開け、部屋にたまった汚れた空気をサーッと流してください。

捨てるのが苦手な人は、小さいものから捨てるといいでしょう。ひとつ捨てるごとにプラスがひとつたまっていく——そんなイメージを持つことをお勧めします。

ここで重要なのは、「捨てさせないマイナスエネルギー」は血液型によってあらわれ方が違うということ。自分の血液型の特徴を知ることで、よりラクに楽しく捨てられるようになるでしょう。一度捨てられるようになれば、多くの人は調子に乗ってどんどん捨てる作業が進みます。

そうして、楽しく気持ちよく捨てた先に何があるか。

それは、**捨てる前とはまったく違う「新しい自分」**です。

そして、マイナスのエネルギーが払拭された部屋には、プラスのエネルギーがどんどん流れ込んでくるのです。

A型 納得しながら捨てることで自分に自信がつく!

要らないものを捨てる。

ある人にとってはとても簡単なことが、ある人にはなぜか苦手ということはよくあります。要らないものを捨てるのにも、それがいえます。

A型の特徴でよく挙げられるのが、慎重で几帳面な性格。

「捨てる」ときに顔を出しやすいのは心配性とセンチメンタルな部分です。

そういう部分が強く出ると、**「いつか、使うかも……」「いつか、役に立つかも……」という「未来」への不安にとらわれる**ことがあります。

「これ捨ててもいいかな」↓「あ、でもいつか使うことがあるかも」↓「そのときにあったら絶対便利だよなあ」↓「やっぱり、とっておこうかな」

そんな思いが一瞬のうちに頭をかけめぐるのです。

そうして、「いやいや、待てよ。捨てちゃったら使うことになったときに、また新しいのを買わないといけないし」→「ああ、そんなことをいっていたら捨てられない」→「でも……」と、堂々めぐりで時間ばかりが過ぎていくことになりがち。

一方、「過去」を引きずって捨てられないときもあります。

都内に住むB子さんのパートナーがこのタイプでした。

その方はメーカーに勤務する営業マンですが、仕事はとても順調でバリバリ活躍してるようです。

ところがプライベートでは、どこに行くにも何をするにも、彼女曰く、「優先順位がはっきりせず、物事がなかなか進まない」のだそうです。

彼女のほうは「そうじ力」の本に出会い、セミナーにも参加して「そうじ力」を実践し、いまではそうじ力上級者といえるところまできています。

彼女が問題にしていたのは、自宅の書斎にあるパートナーの書類やCD、本、細々とした文房具など、あふれんばかりの「モノ」でした。

それを指摘すると、彼は「自分がとっておくのにはちゃんと理由がある」といって決して捨てようとはしないとのことでした。

「古い資料でいまは使っているわけじゃないけど、ときどき見返してみると、あの頃がんばってたのを思い出すんだよな」などと、資料に限らず、さまざまなモノに理由をつけてとっているらしいのです。


彼は、モノを単なるモノとして見るのではなく、自分の「過去」や、そのモノの「背景」まで見ていました。


確かに、そのセンチメンタルな気持ちもわからないではありません。彼女も、その気持ちを尊重しつつ、どうすれば捨てさせられるのかを相談してきたのです。

そこでまず、彼自身に**「ここ一年以内に見たもの、使ったもの」「二年以上見ていないもの、使っていないもの」に分けてもらい、なぜ捨てたほうがいいのかをきちん**

思い出思い出
思い出思い出
思い出思い出
思い出
思い出
思い出
思い出
思い出
思い出
あの時はよかったなぁ！
この1年間の思い出はこの箱！
ルールを決めて♥

と理解してもらうようにアドバイスしました。

A型は、いろいろ考えてしまうと行動が鈍くなりがちですが、自分なりの捨てるルールがいったん決まってしまえば行動は速いし、一切迷わなくなります。

説明を受けて納得した彼は、それからはまわりが驚くほどの勢いで、捨てていきました。土曜の十一時くらいから始めて、夕方六時くらいまでに、捨てるものが入った段ボール箱とゴミ袋が八つにもなったそうです。

いったん「捨てる」をマスターした彼は、それからは以前とは別人のようだとか。彼女あてのダイレクトメールがたまっているのを見ると、「それは必要なものなの？」と、チェックを入れるほどだそうです。プライベートでも、仕事並みの決断力を発揮するようになったという、うれしい報告もありました。

A型の場合、「捨てる」ことにも「原因」と「結果」をはっきりさせることが必要

なのかもしれません。けれど一度それを自分で納得できればいいのです。それがA型の「捨てる」ルール。これをきちんとやり遂げることで自分に自信がつきます。

そして人生においても、そのルールを応用できるようになります。

つまりそれは、新しい自分に速く変化していくことにつながるのです。

B型 集中して捨てて、運命が走るように好転!

私もB型ですが、血液型の本を読むと、「自分の世界にこだわるタイプ」などと書いてあります。

それがよくも悪くも「そうじ力」に影響しているようです。

いい方向に行くと**「何でも集中してやる」**タイプです。

ですから、「捨てる」ということに自分の興味がいくときは、とことん「捨てる」。

私の場合も、三日間とにかく捨てつづける、というようなことをやりますが、それもB型の特徴かもしれません。それはもう「捨てるマニア」といえるほど。

ただ、自分の興味のあることにのめり込みがちな性格であるだけに、興味がなければまったく何もしない。

つまり、**「とことん捨てない」**タイプでもあるのです。

そうなると、家はゴミ屋敷とまではいかなくても、モノがあふれていてもまったく平気、ということになりがちです。

B型の私としては大変複雑な気持ちですが、B型は「捨てるナンバーワン」でもあり「捨てないナンバーワン」でもあるのです。

では、「捨てられない」B型はどうすればいいのでしょうか。

私自身は、捨てる行為がこれまでの人生において、奇跡とも思えるような出来事をもたらし、それによりあっという間に人生が好転したことを「経験」として知っています。ですから、「捨てる」に関心がいかないときでも、意識して「捨てる」ことができます。ここにヒントがあります。

つまり、ここで思い出してほしいのは、

「捨てることによって、まったく新しい自分に生まれ変わる」

ということ。

捨てればすばらしい結果が必ずもたらされるのです。

絵を描いているCさんが私のセミナーに参加されたことがあります。描くには描いているけれど、ここ一年ほど新しい発想がわかず、自分の限界を感じていたところに「そうじ力」の本と出会ったとのことでした。

セミナー後の懇親会で、Cさんに絵を描いているアトリエの様子を聞いてみたところ、

・アトリエにはこれまで描きためたものなどが、ところ狭しと並んでいる
・自宅はきちんとしているつもりだが、絵を描く場所はどうしてもモノがたまってしまう

ということでした。

確かにそれは仕方ないことでしょう。

しかし、これまでの本でも書いてきたように、人もモノも「無視」されることが一番悪い影響を与えるのです。

つまり、過去に描きためたもの、いつどんなときに描いたかもわからないようなものは、その人から無視されているのと同じこと。つまり、知らず知らずのうちにマイナスのエネルギーを発するようになるのです。

ですから、彼女には、

「いい発想を得たかったら、それらを捨てること」

と、アドバイスしました。

これは、B型に**「捨てる＝大きな利益」**という考え方を持ってもらうためです。

目の前に関心のあることがあったり、やりがいのある目標を見つけたりしたときの

B型は強いのです。

それならば！　と、彼女はさっそく絵の整理を始め、三日後には、描きかけの絵数点と自分の思い入れのある作品だけを残してすべてを捨てました。

ものすごい勢いで捨てて、風がよく通るアトリエに座った彼女は、自分のアトリエがいかに居心地がいいか、あらためて感じたそうです。

そうしてキャンバスに向かった瞬間、いままでのスランプが嘘のように、絵に没頭できたとのことでした。

興味がないと、とことん捨てないB型は、**捨てる行為のあとに自分が好きなこと、いいことがやってくる**ことを思い出すことです。

すると、B型の「集中して捨てる」いい面が引き出され、**これまでの古い殻をどんどん脱ぎ捨てながら、走るように人生が好転していく**はずです。

O型 勢いよく捨てれば、人生もダイナミックに変化！

O型は大らかで小さなことにこだわらないところがあります。

そんなO型は、**「捨てる」ことは得意なほう。**

基本的に単純、よくいえばストレートな思考の持ち主で、「そうじ力」の本を読んで〝その気〟になると、すぐに作業に取りかかります。

はじめのうちは要るものと要らないものをきちんと分けて捨てるのですが、そのうち、「捨てるという行為」そのものが目標になりがちです。

そして、**捨てる行為が快感に変わり、自分のものであろうが、他人のものであろうがかまわず捨てるような一面もあります**

私のもとに、「私は十袋捨てました」「気がついたら三十袋にもなっていました！」

という報告が届くことがありますが、それはO型の人が多いようです。

また、O型の人たちは、そういった報告を掲示板などで見たり、人と話したりして、さらに「捨てる」をくり返し、お互いに張りあうようなところも見られます。


A型の人が、もしかしたらあとで使うかもしれない……とためらうようなところもO型の人は関係ありません。

捨てる気になったら、かまわず捨てます。

捨てるモードに入ったときは、過去に買ったまままだ開けていない品物も捨ててしまうくらい、豪快かもしれません。


私のよく知っているO型女性に、必要なものまで捨てて困ったりしないのかと聞いたことがあるのですが、彼女は、

「捨てたことすら忘れることもあるから大丈夫！」

と言って笑っていました。

また、セミナーに来たあるO型の女性は、とにかく捨てればいいんだ！　と思い込んで、クローゼットの中のものをどんどん捨て、気がついたら着る服が数枚かしか残っていないことに気づいて、大変な目にあったといいます。

なかには捨てては困るものもあるはずですから注意が必要。

O型の人は現実的で目の前のことばかりに注意がいくことも多いのですが、「そうじ力」の見地からいえば、**「捨てるのは、自分を変えるため」**ですから、その理念をきちんと確認しながら進めていきましょう。

また、O型は大らかな反面、飽きやすい部分もあり、ついさっきまで、あんなにパワフルに作業していたのに、いきなり途中でやめて、別の部屋でお茶を飲んでいたりしていることも……。

基本的に「捨てる」が得意ですが、やるときとやらないときの差が大きいのも事実。

たとえば、B型は捨てることによって「自分の関心があること」「好きなこと」が

?
人生の変化
捨てる

得られなければ、捨てないことが多いのですが、O型の場合は、そのあたりも大らかで、捨てないときも「気分が乗らないから」というような理由だったりします。

でも、またやる気になれば、あっという間に作業を終えてしまいます。

迷わないぶん、結果的に大きく捨てられるので、人生の変化もダイナミックにやってくることが多いはずです。

AB型　効率的に捨てることで人生も効率的に！

天才肌で合理主義的なところがあるAB型は、クールに見られがちなようです。

基本的には、A型とB型の両方の面を持っているタイプ。

よくいえば、**バランスがいい**のです。

AB型の人は、何事もかなり緻密に計算します。

そうじも、水回りから始めて、そのあと部屋のゴミを集めて捨て、それからきっちり汚れ取り。それを何時までに済ませて、その次は……というふうに、やるべきことをしっかり把握してから始めます。

また、**捨てるときの基準は「必要か、必要でないか」**ですが、AB型の人は、そういう客観的な判断は得意なほうでしょう。

しかも非常に効率重視で、完璧なスケジューリングができる人です。「捨てる」にしても、どうすればきっちり捨てられるかを考え、その通りに進めようとします。

ただし、すべて計画通りにいけばいいのですが、必ずしもそうはいきません。というのは、先に書いた通り、AB型の人はB型の性格も併せ持っているからです。

その一面が顔を出すと、突然、面倒くさいからといってまったく別のことを始めたりすることもあります。まわりから見たら、「なぜ？」と首をかしげてしまうかもしれません。

それは、捨てる作業が興味の対象でなくなったせいもあるでしょう。

もうひとつの理由としては、あまりにも緻密に計画を組むために、途中、計算が狂うことがわかってしまった段階で、やる気を失ってしまうということもあるように感じます。

完璧なスケジューリング
1 そうじ（クローゼット）
2 かたづけ
3
4 ゴミ捨て日
5 分別ゴミ日
6 かたづけ（寝室）
A型的
B型的
そうそう、調べたいことがあったんだ……

また、理想が現実にならないことで、自分を責める傾向もなきにしもあらずです。**緻密で合理的な計画が立てられるのは、AB型の強みではありますが、それに縛られすぎないようにすることが必要でしょう。**

かつて一緒に仕事をしていた友人も、驚くほど完璧なスケジューリングをしていましたが、やはり突然それを投げ出すことも多くありました。

けれど「そうじ力」の本来の目的を理解してからは、うまく自分をコントロールしながら仕事に取り組んでいるようです。

AB型の人に対する「捨てる」アドバイスとしては、**計画に振り回されないこと**といえそうです。

それができたときに、**本当の意味で新しい自分に生まれ変わっていくことができる**はずです。

汚れ取り——悩みが消える！　ストレスがなくなる！

「捨てる」で、新しい自分に生まれ変わったら、汚れ取りです。

新築の家や引っ越ししたばかりの部屋はとてもきれいです。
つまり、もともとはきれいなものが、放っておくから汚くなるのです。
ですから、きれいにするには汚れという「原因」を取りのぞかなければなりません。

悩みも同様で、人は本来幸せを感じながら生きていくもの。
ところが、悩みによって、その幸せ感が不幸な感覚にとってかわられてしまうわけです。

悩みがあるときに汚れ取りをする効用のひとつは、悩みからいったん離れることが

できること。人は同時に二つのことはできないため、汚れを取ることに集中すると悩んでいられなくなるのです。

そして、もうひとつは、**汚れを取りのぞく、という行為を体で感じてやっていくうちに、自分の悩みの原因が見えてくること。**汚れ（悩みの原因）が、汚れ取りという行為によってクリアになる感覚を味わえるのです。

そのとき、自分の考え方がポンと一八〇度変わる。

「そうじ力」を実践していると、**心と行為は比例している**ことを痛感します。

私自身も悩みがあるときは、よく浴槽を磨いたり、トイレを磨いたりします。

悩んでいるときは、相手を責めたり、自分を責めたり、頭の中でさまざまなことがグルグルとまわっている状態です。

そんなときに汚れ取りを始めると、**雑念がどんどん消えていく。**そのうちに、悩んでいたことを忘れてしまったり、バカバカしく思えてきたり、悩んでいること自体、損だと思えるようになったりします。

つまり、**悩みから離れることに成功する**わけです。

また、雑念を消すには、床を拭いたり、トイレ掃除で便器を磨いたりするのが効果的。**汚れを取ることで、現状を客観視できるようになり、**すると今度は、「自分は絶対に悪くないと思っていたけど本当にそうかな？」「相手も調子が悪かったんじゃないかな？」と、相手を理解しようとする気持ちに変わります。

そして、「昨日は仕事が忙しくて疲れていたから、イライラして、たまたま嫌なことを言ったんだ」というふうに相手を理解できて、許せるようになるのです。

その瞬間、自分の心の中から悩みがスッと抜けていきます。

これは汚れ取りをやっているときに、よく現われる現象です。

つまり、汚れ取りによって、**「人生の根本的な問題解決能力がつく」**のです。

この、汚れ取りにおいても、それぞれの血液型の傾向をよく知って、取り組んだほうがよりベストな効果を得られます。それでは、説明していきましょう。

A型 汚れ取りで問題解決能力がグッとアップ!

人目を気にするところもあるA型は、自称「きれい好き」が多いようです。
実際そうじをマメにして、「部屋はいつも清潔」という人もたくさんいるでしょう。

ところで、お釈迦様の血液型はA型と聞いたことがあります。だから仏典も非常にシステマティック。それは見事なまでに緻密で、縦から見たときはこう、横から見たときはこう、ときちんと系統立てて組み立てられています。

お釈迦様ではありませんが、A型は部屋を全体的に見ます。
ですから、全体的にまとまっている部屋でないと居心地の悪さを感じます。
つまり、トータルで見るがゆえに、逆に細かいところが気になるわけです。
たとえば、リビングを全体的に見渡して、カーテンが片方だけ端に寄っていたり、一部が汚れていたりするのが目につくと、そこをきちんと整えたり、きれいにしようとします。他の人がA型を見て「几帳面」と感じるのはそのせいかもしれません。

また、**一度きれいにすると、それを維持するのは得意です。**

たとえば、キッチンで油物を料理したあとすぐにガスレンジを拭くとか、自分でルールを決めたら、意識せずにルーティンでやっていきます。そのため、常にきれいな状態が続くわけです。

自分なりのルールで汚れ取りをして、きれいさを保つ。

キッチンは使ったら拭く。掃除機は二日に一回、朝かける……。

A型の場合、汚れ取りの効果は、**部屋のきれいさを保つことで心の平安も保つことができるということ**です。

ですから、**汚れ取りがうまくいくと、何か悩みごとがあってもトータルで見て客観的に解決する能力が高まります。**A型はトータルのマネジメント能力が一番高いともいえるでしょう。

B型　とことん磨き込むことでストレス解消！

イエス・キリストはB型といわれています。

イエスの教えは、「愛」。三年間集中的に愛だけを説いたのも、ひとつのことに集中するB型なら、納得できます。愛だけで二千年続く教えとなったわけです。それは、まさにB型の「集中力」です。

「汚れ取り」や「磨き込み」は自分を見つめつづける作業でもありますから、集中力のあるB型には適しているといえるでしょう。

「きれいにするときは、すごくきれいにするよね」

「でも好きなとこだけだよね」

私もB型ですが、よくこんなふうに言われます。

B型は好きなことにはとことんこだわりますが、好きでないことにはまったくこだわりません。けれど社会に出ると、好きなことだけやれるわけではなく、嫌なこともやらなければなりません。社会に出て一番ストレスを感じるのもB型かもしれません。

ストレスを感じたとき、「汚れ取り」や「磨き込み」はとても有効です。

もともと汚れ取りには、「雑念を払う」「ストレスを取りのぞく」効果がありますから、汚れを取ることに集中すると、かなりリフレッシュできるはずです。

私も外で嫌なことがあってストレスがたまってくると、自宅に戻って何も考えずにただ黙々とトイレを磨いたりします。磨くうちにどんどん「自分」がよみがえってくる感覚を味わえます。

また、悩みがあるときは一カ所を磨き込みます。蛇口なら蛇口だけをピカピカになるまで無心で磨きます。すると磨いているうちに答えがポンと出てきたりします。**深く集中することが、汚れ取りの効果を発揮するポイント**です。

集中!

O型 自分を見つめ直すときに汚れ取りが効果を発揮！

思い立ったら、すぐ行動。やると決めたらパワーで押し進む。そんなO型は、仕事でも遊びでも外でパワフルに行動し、そのパワーを使いきります。

そのため、「自分」に立ち返る時間は意外と少ないかもしれません。

「汚れ取り」は深く内面を見つめて雑念を払う作用がありますから「自分」に立ち返るために、この「汚れ取り」はとても効果的です。

意識して「汚れ取り」の時間を持つことによって、自分の内面を見つめることができます。つまり、ここでの「汚れ取り」には、普段は走りまくっている自分に、いったんブレーキをかける効果があるのです。

私の昔からの親友のひとりがO型ですが、外でもとにかく行動的。

それが家に帰りついた途端に「寝る」。本当にパタッと倒れ込むような感じです。とにかく現実的にどんどん動いていく。そしてあるとき大きな怪我をしたり、病気をしたり。そういうことでもないと休みません。

よくバーンアウトするのはO型が多いといわれます。機械はずっと使いつづけていると調子が悪くなったり、壊れたりしますが、人間も同じです。ときには休ませたり、メンテナンスをしたりしなければ、一番いい状態で動くことはできません。

ですから、**普段から意識して「汚れ取り」をして心をリセットすること。それによってリフレッシュでき、エネルギーも充填されます。結果、いつでも絶好調な自分でいられる**はずです。

心をリセット

AB型 「意識して」汚れ取りをするだけで驚くべき変化が！

「捨てる」でもそうでしたが、AB型は効率を重視します。

完璧なスケジューリングを組んで進めますが、当然「汚れ取り」においても、合理的かどうかが基準になります。

ここをよく理解してほしいのですが、「そうじ」は**「そうじ力」を意識してやるかどうかで、結果に天と地ほどの違いがあります。**

AB型の効率重視的なところが強く出てしまうと、単なる「汚れ取り」に終わってしまいがちです。

「汚れ取り」でも、単なる「汚れ取り」に終わるか、「自分の中に変化を起こす汚れ取り」にできるか、同じ三十分間をかけても、結果がまったく違ってくるのです。

できます。

ですから、メンタルな部分を意識しながら「そうじ」をすることが大事。それにより、まったく自分が気づいていなかった面、新しい魅力を発見することができます。

O型は、それが得になるとか、効果があるとわかれば、すぐにその気になることが多いのですが、AB型はそういうことにあまり振り回されません。

私の知り合いのAB型も、そういうタイプです。

彼はあるとき奥さんとケンカをしたあと、たまたまキッチンの磨き込みを始めました。最初は奥さんへの怒りの気持ちでいっぱいだったのに、磨いているうちに、ふと奥さんの手があかぎれになっていたことを思い出したそうです。

その瞬間、涙があふれて、しばらくは泣きながら磨きつづけたと話してくれたことがありました。

それからの彼は、自分に何か問題が起きたときに、汚れ取りで心を見つめることこ

妻の手の
あかぎれ

そが合理的であることに気づいたようです。

これは、とても大きな発見で、**心を見つめる汚れ取りによって、人生までが「早く」うまくいく**ことを知りました。

「汚れ取り」の力によって、夫婦間においても相手の気持ちを理解することができ、ケンカはしてもすぐに解決できるようになる。それを知って初めて、彼はその気になりました。

彼が汚れ取りの効果に味をしめたとき、最初に言ったのは、

「汚れ取りのおかげで問題解決が早くなった。これこそ、合理的だよね」

ということ。

なんとも、AB型らしい発言です。

効率重視も度を超すと、本来うまくいくはずのものもなぜか問題が起こりがちです。いまの流れを変えたいなと思ったら「汚れ取り」がいいきっかけになると思います。

整理整頓――自分の人生の目標や本来の生き方が明確になる！

「整理整頓」は、モノをあるべきところにあらしめる行為です。

私自身も、実際は整理整頓に夢中になって完璧に仕上げるときと、忙しくてやらずにごちゃごちゃになってしまうときと両方がありますが、でも、その理由ははっきりしています。

整理整頓ができないときは、自分自身が何かで迷っているとき。仕事や普段の生活の中で何をやるべきかがわからなくなっているときです。

常に探しものをしている状態ですから、あれもない、これもないと、そのことで頭がいっぱいになって大切なことが見えなくなってしまうのです。

たとえば、チェックしようと思っていた原稿がなかなか見あたらず、それを探すのにものすごく労力を使うことがあります。

迷いのエネルギーは、マイナスのエネルギーですから、人をものすごくイライラさせます。そうしてイライラしながら見つけた頃には、やる気はなくなり、もうやりたくない、とさえ思うことになるのです。

この迷いのエネルギーを取り去るのに「整理整頓」は力を発揮します。

「整理整頓」がむずかしいのは、それがただ部屋の中をきれいにするということだけでなく、**「人生の目標や自分の本来の生き方を明確にする作業」**だからです。

ですから、整理整頓ができるようになると、自分のやるべきことが明確になってきます。成功者には整理整頓がきちんとできている人が多いのは、それが理由だと思います。

この整理整頓について、地方での講演のあと、会社勤めをしている女性から次のような質問がありました。

「自分は整理整頓はわりと得意で、いつも何がどこにあるかをきちんと把握しているから仕事にまったく支障はないのに、職場でよく、もう少しきちんと片づけたほうがいいと言われて、それがストレスになっています。私のようなやり方はダメなのでしょうか」

私は、**自分なりのルールがきっちり決まっているのであればいい**と思います。

もちろん、人から見られたときにどうか、ということも大切ですが、一番重要なのは、自分のやるべきことがきちんと明確化されていることです。

この女性のデスク回りは他の人から見ると、全体的には整理整頓されていないように思えるかもしれませんが、その人なりのルールを尊重すべきだと思います。

この手の悩みはA型の人に多いのですが、話を聞いてみると、その人なりのきちんとした理由があることが少なくありません。

ですから、**「物事の本質を見きわめるのが整理整頓の目的であること」**をきちんと理解するところから始めてください。

A型 整理整頓のルールがわかれば、人生も同じようにうまくいく！

A型の人は「この作業をしたら、こんなにいいことがあった」という原因と結果が法則として自分の中にでき上がると、次からそれを実行するのは得意です。

ですから、「捨てる」や「汚れ取り」で成功した人は、必ず「整理整頓」もうまくやれるはずです。

何をするにも理由（原因）があって初めて行動するA型は「そうじ力」の本を読んで、まず最初に「整理整頓」に手をつける傾向があるようです。

ある女性は、「捨てる」が苦手でしたが、整理整頓を始めると、**必然的に必要なものの大切なものだけが残り、**それ以外のものを捨てるのが非常にラクになったといいます。

また、A型の人は、未来にも過去にも、これをこうするとああなって……というように、瞬時にさまざまなことを思いめぐらす人が多いようです。

この思考の連鎖は、整理整頓においても同じです。

A型のD子さんから聞いた話です。

たとえば本棚の整理をしながら、料理の本が出てくると、「料理か、最近手を抜いていることが多いなあ」→「たまにはおいしい料理をつくろうかな」→「あ、でもキッチンももう少しきれいだったらな」→「そうだ、今日はキッチンをきれいにしよう！」→「とりあえず、ここ（本棚）は見た目がきれいになればいいし」→「さあキッチンの整理だ！」

という具合に、気がついたら、キッチンの整理整頓を始めていたというようなことがあるそうです。

さらには、キッチンがよりきれいに見えるように、その横につながるダイニングの整理整頓も始め、気がついたら部屋全体を整理整頓していた、ということがよくあると言っていました。

また、この整理整頓のはじめにあるのは、**「おいしい料理をつくろう」**という**「思い」です**。

その思いによってキッチンの整理整頓がうまくいき、部屋全体がきれいになり、プラスの磁場空間でつくられたおいしい料理を食べることができる、という「形」に変わります。

それは、彼女の中の「こうすればこうなる」というルールになって、そうじだけでなく、**人生全般においても同じようにうまくいく**ようになります。

私自身はB型ですから、このA型の女性のような発想はまったくなく、この話を聞いてとても新鮮でしたし、また「原因」と「結果」をはっきりさせるA型らしいとも思いました。

おいしいものを食べるためにキッチンの整理整頓を始める——**原因を追究して「こ**

料理の本かあ・・・・
料理に手抜いてるなあ！
キッチンをきれいにしよう！
さあ！キッチンの整理！
Cooking

れは何のためにあるのか」という理念をはっきりさせるような整理整頓法はA型には一番ぴったりという気がします。

つまり理念もなく形から入って、とにかく「部屋はトータルできちんとしていなければならないから」やるというのは、A型には向きません。ちぐはぐな整理整頓になってしまうでしょう。

先の女性の場合はキッチンでしたが、A型は原因からスタートする流れにそってやると、整理整頓がうまくできて、自分の目的も明確になるはずです。

B型　「集中してやる」ことで、自分の人生の目標達成がグンと早くなる！

かつての私の書斎の机の引き出しは、右側と左側でまったく違った様相をしていました。

「そうじ力」を提唱している者としては、どちらも同じように整理すべきなのですが、趣味のものが置かれている右側に、どうしても意識が集中してしまい、結果的に左側への力の注ぎ具合が弱くなってしまっていたのです。

B型の場合、**自分の興味があることは集中してやりますから**、「会社のデスクはきれいなのに、家はぐちゃぐちゃで困る」などと、B型の方から相談を受けると、つい「わかる、わかる」と納得してしまいます。

B型は**「なぜ整理をするのか」という理念がはっきりしないと、動く気が起こらな**

いという傾向もあります。いきなり「そこをきれいに整理して」と人に言われても、行動に移すことができないのです。

たとえば私は、本が好きなので本棚をよく整理整頓します。本を整理することによって、自分の思考を客観的に見ることができます。そうすると、読書欲がさらにわいてくる。すると自分の「本を読む」という目的は達成に向けてさらに加速していきます。

もともと、B型は自分は何が好きなのか、何をやりたいのか、ということがとても明確なタイプですが、そうでないB型の人も、**整理整頓によって、それが明確になるというメリットがわかったり、終わったあとの爽快感を味わったりする**と、逆に「整理整頓マニア」になるところがあります。

私もやりたくないことは徹底してやらないタイプですが、あるとき自分の書斎の引き出し（そこは文房具が入っていたのですが）を完璧に整理整頓して、どこに何があ

本が好き
↓
本棚の整理整頓
あっ！こんなところにこの本が・・・
仕事や趣味に生かせるかも！
三笠書房
Let's go!

るかスパッとわかるようになった瞬間の爽快感はたまりませんでした。

そうやって、整理整頓のメリットがわかった途端、やるのが苦痛ではなくなったどころか、ヤミツキになりました。

まずは、小さいところに集中して取り組んで、整理整頓のメリットを体感してください。**整理整頓が難なくできるようになるだけでなく、人生の目標もクリアになるはずです。**

O型　自分のやりたいことを明確にしたいときにやるのがお勧め！

O型は、A型のように理由づけをして小さなところから整理整頓するのはどちらかといえば苦手です。

また、行動的でパワフルな人が多いのも、自分の中でやりたいことが大まかに決まれば、あとはそのまま突き進むようなところがあるためではないかと思います。

ですから、O型の人への整理整頓のアドバイスとしては、**まず大まかに分けられればOKということ。**それができれば、**自分が何を求めているのか、心の中も整理できてきます。**

次は、大まかに分けたものをさらにいくつかに分解して、その中でまた大まかに分けていきます。そうして進めていくうちに、最終的にはひとつの大切な何かに突き当たるはずです。

「あるべきところにあらしめるを大まかに」

これがO型の整理整頓を成功させる秘訣です。

私の知り合いの「そうじ力」上級者であるO型のE子さんも、本棚だったら、まずは家中の本や雑誌を本棚に収めてしまうと言っていました。

それで、第一ステップ終了。そこら中に散らばっていたものがなくなり、見た目も心もすっきりします。

次は、カテゴリー別に、雑誌を分ける。

そのあと、テーマ別に分ける。

作業が進むにつれ、自分がやりたかったことも、最初は漠然としていたものが、だんだん具体的に明確に絞られていくはずです。

ここで注意したいのは、多くのO型が第一ステップ終了で、作業を終えてしまいがちなこと。ただ単に片づけるだけではなく、**整理整頓の目的を確認しながら、進めていくのがコツです。**

まずは、
家の中の
本を本棚に！
第1STEP 終了
カテゴリー別に雑誌を分別
テーマ別
整理整頓
大きなところから
小さなところまで！

AB型 「何のための整理整頓か」を明確にしよう！

AB型は効率重視で計画的に物事を進めようとする反面、こうでなければいけない、ということにとらわれてしまうところがあります。

完璧な自分とその通りにいかない自分がいて、それが部屋にも表われます。ですから、自分なりに合理的に整理整頓しても、どこか居心地が悪い、というようなことを感じることがあるのではないでしょうか？

それは、能力の問題ではなく、**整理整頓の形にこだわり、それを完璧に仕上げることを目的としてしまったときに起こること。**

とはいえ、「そうじ力」における「整理整頓」の「あるべきところにあらしめる」という考え方に一番共感できるのがAB型の人です。

ところが、実際に実践するとなるとなかなかできないことが多いのも事実。

つまり、「あるべきところにあらしめる」ときに、形だけきれいに整えて、それを何のためにそこに収めるのか、という理念がしっかりしていないため、いざ使う段になってから、非常に使いづらさを感じてしまうことは否めません。

整理整頓をするのは、やるべきことを明確にするのが目的なので、**これはどこにあればいいのか、これは何のためにあるのかを考えながらやる**といいでしょう。それはいわば、モノに対するコーチング。

もともと、AB型はバランス感覚にすぐれていて、A型のよい面とB型のよい面が出たときは、整理整頓を非常に明確に実践できる人です。

ですから、本書に書いてきたA型とB型の項も参考にしつつ、それぞれのよいところをうまく取り入れて整理整頓していくと、理想と現実のギャップに悩むこともなく

コーチング
玄関
リビング
クローゼットの中
Bath Room
リビング
本棚

なるでしょう。

大きなところから理想を立てるのではなく、小さなところから理想を描くことで、さらに集中力を発揮できるでしょう。

第2章

《血液型別》運気が上がる「そうじ力」実践法

——楽しんでやれば、みるみる好転！

幸せを引きよせる「そうじ力」
——意識してやるだけで、効果は倍に！

「そうじ力」には、「マイナスを取りのぞくそうじ力」と「プラスを呼び込むそうじ力」があります。

これを意識してそうじをすることで、人生が劇的に変化するのです。

「換気」に始まり、「捨てる」「汚れ取り」「整理整頓」でマイナスを取りのぞく。これで、あなたの部屋はいったん〝ゼロ〟に戻ります。

それに加えて、**「ありがとう」という感謝の気持ち**を持つことで、あたたかいプラスの磁場ができ上がり、プラスのエネルギーがどんどん引きよせられてくるのです。

また、１章で詳しく書きましたが、「マイナスを取りのぞくそうじ力」には、それぞれのステップで得られる効果に違いがあります。

あらためておさらいすると、

「捨てる」で、**新しい自分に生まれ変わる。**

「汚れ取り」で、**問題解決能力が高まる。**

「整理整頓」で、**人生の目的が明確になる。**

というふうに、物理的な行為が心の変化、人生の変化となって表われるのです。

人によって、「捨てる」のは得意だけれど「汚れ取り」は面倒くさくて嫌！「整理整頓」には夢中になれるけれど「捨てる」となると、どうもやる気が起こらない……など、それぞれの段階で得意不得意があるかと思います。

もしかしたら、**「捨てる」が苦手な人**は、自分の魅力を見つけ出すのが苦手かもしれませんし、「整理整頓」がうまくいかない人は、人生の目標もなんとなく漠然としているかもしれません。

そこでこの章では、血液型別の傾向に従って、その人が求めている変化を起こすための「そうじ力」プランを紹介します。

これはまた、自分だけでなく、家族（パートナー）にも「いい変化」を起こしてほしいという方にも、参考になるかと思います。

どうしたら楽しく続けられるのか、幸せを引きよせることができるのかを考えるうえで役立ててください。

また「換気」はすべての基本です。

朝一番に、またはそうじを始める前に、必ず行ないましょう。

「プラス」を引きよせるには、最初の土台づくりが肝心です。マイナスエネルギーを一気に追い出して、気持ちのいい風を感じてください。

A型 なりたい自分をイメージしてやれば、あとは自動的にうまくいく！

いいほうにも悪いほうにもあれこれ考えてしまうことが多いA型。

ですから、そうじをするときもいろいろと考えて実際に始めるまでに時間がかかってしまうことが多いかもしれません。

また、たとえば「今日はリビングの要らないものを捨てよう」と思って取りかかっても、テーブルの上の本を見つけて「これは本棚に戻しておかなきゃ」と移動し、本棚の前に立つと「ここもやるべきよね」と、本棚の整理に取りかかり……最初に始めたところと、最終的にきれいになっている場所が違ったりすることもあります。

いつもちょこちょこ手をつけて、結局中途半端になるという人も多いようですが、そんなときは、手をつける範囲を小さくするといいのです。小さいところから始めると、そこでいったん完結しますから、あちこち手をつける、ということはなくなります。

小さな成功体験に味をしめると、それが「経験」として、頭にインプットされます。すると、あとは誰に何を言われなくてもきれいな状態を保つはずです。

つまり、A型の中に「そうじのルール」ができ上がってしまえば、あとは波に乗って進めていくことができるのです。

また、全体的な見た目を大切にする傾向があるために、細かいところに目がいきがちですが、逆にそういう細かいところから始めることで、案外うまくいきます。

さらにルールを決めるとそれを確実に実行していきますから、**もっと運をよくするそうじがしたいときには、ビジョンをきっちり明確化して進めるといい**でしょう。

それだけで、自動的にうまくいくはずです。

何のために、そうじをするのか。
どんな自分になるために、そうじをするのか。

この点をはっきりとさせておきましょう。

人から「だらしない」と言われたくないのであれば、「きちんとしている人」「きれい好きな人」と言われたいと、ビジョンを徹底するのです。

そして、できる限り多くの人に「私はそうじが好きで、部屋はいつもきれいだ」と公言しましょう。

すると、A型はこのテーマから外れた行動をしにくくなるので、必然的に部屋はいつもピカピカに。心も安定して、常にいい状態を保つことができるはずです。

他の血液型と比べると、手をつけるまでに時間がかかることが多いのですが、決めたことを守ろうという意識の強さによって、達成度はかなり上がっていくでしょう。

A型用プラン

1換気

2目標を立てる

あなたは、どんな自分でありたいですか？

まずはそれを明確にしておきましょう。

「こうなるためにそうじをする」というビジョンをはっきりと持つと、何かでくじけそうになったとき、大きなエネルギーとなって助けてくれるはずです。

3整理整頓

モノをあるべきところにあらしめる作業は、A型のもっとも得意とするところ。

要るものと要らないものに分けてから、あるべきところに収めてみてください。すると、入りきらないものや収まりが悪いと思うものが出てくるはず。それは、無理に収めようとせず「捨てる」候補にしましょう。

4捨てる

「整理整頓」をすることで、要らないものがはっきりします。

そこから捨てるのは意外と簡単。

そこでプラスアルファテクニック。

「要らないものはマイナスエネルギーを発している。だから、マイナスを取りのぞくために捨てる」というふうにイメージして、作業をしてください。驚くほどスムーズに進めていけるはずです。

5汚れ取り

仕上げは汚れ取りです。特に光る素材のものを徹底的に磨いて、きれいに輝かせてください。その輝きは自分も人も幸せにします。きれいになったときのうれしい気持ちを想像しながら磨いていくと、楽しい波動がモノに伝わって、自分自身がもっと笑顔になれるはず。ぜひ試してみてください。

B型 やりたいときに、やりたいことから始めることで結果が早く出る！

B型の性格的な特徴として注目したいのは、ひとつのことを集中的にやることで実力を発揮する、という点です。

好きなことにとことんのめり込むB型は、「そうじ力」でも**「好きなこと」を「やりたい場所」からやる**、ということがポイントになります。

そうじも本の手順通りにやろうとしても、興味がなければそのままほったらかしになる可能性も。ですからマニュアルにとらわれずに、**自分の興味があるところ**から始めましょう。そのほうがより早くマイナスエネルギーを取りのぞくことができ、効率的にプラスを引きよせることができます。

また、B型は「強制」されるのが苦手です。

「はじめに」でも書きましたが、私の家は家族全員がB型で、毎回役割分担をしてもムダでした。最初にお父さんはここ、お母さんはここ、子どもたちは……と、持ち場を決めても、その通りに取りかかったことはまずありません。それぞれが好きなところを集中的にやるのがいつものことでした。

ですから、B型の家族がいる場合には、最初に「どこをやりたい？」と聞いて、そこからそうじをしてもらうのがいいでしょう。やりたい場所を**まかせておけば、あっという間にプラスの磁場空間をつくり上げる**でしょう。

4章の血液型の組み合わせのところで詳しく書きますが、そうじのあとに**やりたいことや目標となることを設定してから始める**こと。興味のないところでも、終わったあとに楽しみがあれば、驚くほど早くそうじを仕上げます。

また、そうじ道具を買いそろえて、気分を高めるのもやる気を持続させるコツです。ただし、買いそろえた時点で満足して終わらないようにしましょう。

B型用プラン

1換気

2計画を立てる

「捨てる」「整理整頓」「汚れ取り」の中で、一番やりたいと思う順にリストにします。次に、部屋の中で自分の好きなところを、順番にリストアップしてください。

3自分の思うように始める

自分のやりたい場所を徹底的にそうじすることで、そこからまた興味の対象が生まれ、**やりたいことや人生の目標までがクリアになってきます。**

O型　何事も大胆に行なうことで、変化もパワフルにやってくる！

リビングならリビング、寝室なら寝室と全体を大きくとらえるのが得意なO型は、そうじもそうじ前とそうじ後の変化がダイレクトに視覚で感じられると、さらにやる気が高まります。

同時に、思い立ったら一気にやってしまいたい、と考えるタイプが多いので、時間がたっぷり取れる日を「そうじの日」と決めて、その日にできる限りのことをやるのがお勧めです。

まず手をつけるのは**「捨てる」**がいいでしょう。

なぜなら、最も変化を実感できるからです。

「捨てる」の実践者たちは、ほとんどの人が**捨てたあと「心まですっきりした」**と言います。それは、ゴミの山を目の前にしていることと、要らないものがなくなった空間を見ているから。この二つの視覚的な効果は絶大です。

これだけやったんだ、という達成感は、O型の成果主義な部分を満足させます。まず最初に「捨てる」をやることで、そうじをしようというテンションはぐんぐん高まっていくでしょう。

しかし、途中で息切れを起こしやすいのもO型の特徴です。「さっきまであんなにパワフルだったのに、どうしちゃったの?」というくらい、突然エネルギー切れになることも。

そんなときは、無理に「やらなくちゃ」と思うより、いったんスパッと作業をやめてしまいましょう。「ねばならない」というプレッシャーは、そうじを嫌いにしてしまったり、テンションを下げる原因になって逆効果です。

一度すべてをオフにして、充電してからパワー全開で取り組んでください。ちょっと昼寝をするだけでも、リフレッシュ効果はバツグン。こうすることで、何度でもパワーが循環して、最後までそうじをやり遂げることができるはずです。

O型用プラン

1換気

2スケジュールを決める

休みの日や、仕事が早く終わりそうな日など、比較的時間の余裕がある日を選んでおきましょう。またそれに限らず、やる気が起きたときがそうじの始めどき。体が動き出したら、そのノリのまま始めてもいいでしょう。

気分が乗らないときは、無理をしなくてもOK。義務で気分を高めようとせず、一回やめてオフにする。そしてほかのことをして「やる気が戻ってきたらやる」くらいの気持ちでいましょう。

3捨てる

O型にとって、もっとも得意とする作業です。最初は得意なことから始めて、どんどん勢いをつけていきましょう。ただし、勢いあまって必要なものまで捨ててしまわないように、注意してください。

4整理整頓

「捨てる」が終わり、必要なものだけが残ったら、整理整頓です。モノを「あるべきところにあらしめる」ことを心がけて、作業を進めてください。

5汚れ取り

大きなところから入るのが得意なため細かい作業はどちらかといえば苦手なO型。汚れ取りは、汚れ具合によっては根気がいるのと、比較的小さなところも対象とするため、ちょっとしたエネルギーが必要になります。

もし途中で嫌になったら、先ほど書いたようにいったんやめて、休んでから再開すると、投げ出すことなく続けられるでしょう。

AB型 根を詰めず、マニュアル通りの手順をこなせば、OK！

客観的で常にこうあるべきという理想を思い描くAB型は、まず頭で考えて一番効率のいいスケジューリングをしてから始めるタイプです。

自分なりのスケジュールを決めて、その通りきっちり進めていくのが一番いいでしょう。ただ、途中でそのスケジュール通りいかなくなったり、思い通りの結果が見えてこなかったりすると、いきなり予定変更してしまうところがあります。

理想と現実は必ずしも一致しないもの。ときどき、遠くから引いてみるときれいなのに、近くで見るとすごく汚れているといったことも……。意外と大雑把な一面のあるAB型もいます。

玄関はゴミひとつなくきれいにすべき、リビングにモノが散らかっているのは許せない、書斎で文房具がすぐ出てこないとイライラする、と自分の理想とする場と一致しない現実を見たときに、ストレスを感じてしまいます。

まずは、**自分が立てたスケジュールを淡々とこなして**いきましょう。

途中、投げ出したくなったら、**何のための「そうじ力」**なのかと考えること。

そうすることで、目の前の現実にストレスを感じることなく、本来の目的に向かって進めていくことができます。A型の傾向が強く働いて、「少しくらい遅れてもスケジュール通り進めることが一番効率的だ」ということがわかったら、あとは、スムーズに進めていくことができるでしょう。

ですから、**最初にスケジュールを決めるときは、あまり根を詰めることがないよう、少し余裕を持たせておくこと**。そうしないと、作業がだんだんと雑になっていってしまいます。そして、五回に一回くらいはB型的な発想を真似て、好きな作業から始めてみるとリフレッシュできて、楽しくそうじを続けられるでしょう。

AB型用プラン

1換気

2スケジュールを決める

「三日坊主プログラム」（詳しくは、前著『3日で運がよくなる「そうじ力」』参照）に沿って、スケジュールを決めます。「捨てる」「汚れ取り」「整理整頓」は別の作業なので、三日間で行なうのはひとつの作業にします。

たとえば、一日目は「クローゼットの不要な衣類を捨てる」、二日目は「リビングの新聞や雑誌を捨てる」、三日目は「キッチンと冷蔵庫の不用品を捨てる」という具合。同様にして、汚れ取りの三日間、整理整頓の三日間も決めてみましょう。

また、スケジューリングには余裕を持たせることがポイント。

3捨てる

迷ったら「必要か必要でないか」を客観的に考えて必要でないものは思いきって捨てましょう。

4汚れ取り

論理的なAB型は、洗剤やそうじ道具の使い分けが上手なタイプ。これができると作業的にかなりラクになるので、テクニックとして取り入れてください。

5整理整頓

「使いやすさ」を追求してみましょう。

6炒り塩

最後の仕上げである炒り塩まで行なうと、かなりすっきりします。達成感が増すので、ぜひやってみてください。

第3章

次々幸せがやってくる！
血液型別「パワースポット」

――ちょっとしたコツで心もすっきり！

もっと運をよくするための「そうじ力」活用法

マイナスエネルギーを取りのぞき、プラスのエネルギーを呼び込むのが「そうじ力」の目的です。

どんなに成功者の本を読んでも、プラス思考で物事を考えようとしても、あなたがマイナスの磁場空間で生活をしていれば、また、あなた自身がマイナスのエネルギーでいっぱいであれば、効果はありません。

より多くのプラスを引きつける努力をするより、マイナスを徹底的に取りのぞくほうが結果的に多くのプラスが引きよせられます。

このことをしっかり認識しましょう。

人それぞれ考え方や行動は違います。外に出てどういう行動をしてどういう考え方をするかで、その人が消耗するエネルギーは違ってきます。

夜、家に帰ってきてから朝出かけるまでの間、どういう空間で過ごすかで、その人本来の力の発揮具合は変わってくるのです。

そこで、この章では、血液型別のマイナスエネルギーの取りのぞき方、プラスエネルギーの引きよせ方を紹介します。

つまり、血液型別に表われる〝強み〟をさらにパワーアップさせるために、それぞれの傾向に合わせた**「パワースポット」**を見ていきます。

そうじ力では、**部屋というのは単なる囲みではなく、人の思いがつくり上げる場所**と考えています。たとえば〝トイレ〟ひとつにしても、どんな思いで使うか、そしてどんな思いでそうじをするかによって、その場所が発するパワーの量やメッセージが変わるのです。

疲れがたまりやすいと感じたり、なんとなく人間関係がうまくいかないと感じたり、仕事で成果が思うように出せないと感じたりしたとき、本書の血液型別「パワースポット」からそうじをしてみてください。

血液型にかかわらず、いまの自分の状況と似た項目があれば、ぜひ実践してみてください。

ここに挙げている血液型別「パワースポット」はあくまでその血液型の傾向が出やすい場所であって、誰がその場所をそうじしても、「そうじ力」を意識しながらやることで効果が表われてくるはずです。

どの部屋も「幸せになりたい」という願いを強く持って、そうじをしましょう。きっとあなたの生活に、いい変化が訪れるはずです。

A型

リビング＋水回り（キッチン、洗面所）
プラスのエネルギー空間をつくってリラックス！

A型にとって、家は安心を得るための場所。A型に限りませんが、家は自分を守ってくれるシェルターのようなものです。

そこをどれだけ快適な場所にできるかによって、外での行動も充実したものに変わってくるはずです。

私たちにもっとも不快な感情を起こさせるのが、水回りの汚れです。逆に、**水回りが汚れているときは心が疲れて癒しを求めているときともいえます。**

ですから、快適な空間づくりの第一歩として、まず**「水回り」**をきれいにすること。

水回りをきれいにすることで、そこがA型にとってのパワースポットに変わります。

A型は「原因」と「結果」で物事を考えるところがありますから、**水回りが常にきれいに保たれている＝自分の心は落ち着いている**というルールが守られていることで、安心感を持つことができます。

キッチンと洗面所は一度汚れはじめると、どんどん汚れがたまりやすい場所です。A型は一度ルールを決めると、それを守るのは得意なので、部屋はいつもきれいに保たれますが、一方で、汚れがひどくなってからは、そうじを始めるまでに時間がかかることが多いのです。

ですから、**いつもきれいにしている**ことが重要。

キッチンはステンレスなど、光るものはすべて光らせましょう。水アカのくもりなどがないよう、シンクもピカピカに。

そして洗面所も、鏡を毎日磨いておいてください。鏡を磨くことは自分の内面を磨

安心感
Living
Bath Room
Kitchen

くことでもあります、いつも鏡が磨き上げられていることで、自然と自信がわいてくるはずです。

また、排水溝の奥まで、できるだけきれいにしておくことで、心の奥から安心感を抱くことができるでしょう。


また、「リビング」も大事なスポットです。

人が集まる場所ですし、家にいる間のかなりの時間を過ごすことになりますから、ここをプラスの磁場空間に保つことは重要です。


床は一番面積も大きく、目につくポイントなので、そうじをするときは、移動できる家具は動かして、まず水拭きをし、そのあと、から拭き、ワックスがけの順で仕上げます。ピカピカに磨き上げることで、より強力なプラスの磁場になっていきます。

照明器具のホコリや汚れも取り、電球も明るいものに変えて、いつも明るい光で満たしましょう。あたたかい磁場がつくり上げられるので、ぜひ試してください。

B型

トイレ＋本棚

自分の好きな場所をきれいにして心身をリフレッシュ！

自分の世界観やこだわりを大切にするB型は、家の中でも自分だけのテリトリーを持ちたいと考えます。

自分の好きなものを、好きなように配置することで、心から落ち着く空間につくり上げることが得意です。

逆に、興味がないことに対しては何もしないB型は、「部屋を快適に保つ」ことに興味がわかなければ、とことん何もしません。散らかっていてもまったく平気なところがあります。

ですから、家に帰ることが楽しみになり、その場にいるだけで楽しいアイデアがわくような家づくりこそが、B型に合った方法といえるでしょう。

私自身の経験では、まず「トイレ」から手をつけるのが一番いいようです。家の中で一番小さなスペースであるトイレは、集中しやすく考えごとをするのにぴったりな場所。執筆などで考えがまとまらないときに、よくトイレのそうじをしますが、そうじをしているうちに雑念が消え、他の場所よりも格段にいいアイデアを思いつくような気がします。

素手で便器を磨いていると、変なプライドがなくなってきて、だんだん周囲の人への感謝の気持ちが生まれてきます。いつしか「ありがとう」と言いながら、あちこちを磨きはじめ、そこがプラスの磁場に変わっていくのです。すると、その場に身を置くだけでリフレッシュし、前向きな気持ちになれます。

また、**「本棚」**や**「雑誌や新聞を置いているスペース」**も重要なポイントです。好奇心旺盛で新しいもの好きという特性をいかんなく発揮するためにも、少しでも古くなったものは処分して、常に新しいモノをそろえておきましょう。

心落ち着く空間
Toilet
本棚

本棚の情報の質は、自分自身の情報の質でもあることを意識してください。

仕事で忙しかったりすると、それだけに気をとられてしまい、**「自分がやるべきこと」「目標としていること」**が見えなくなりがちです。

本棚を整理すると、読みかけで忘れ去っていた本に出会ったり、そのときやりたかったことや自分の課題としていたことを思い出したりすることができます。

私の場合は、本を読みたいがために整理がどんどん進み、それと同時に求めるものが明確になって、しまいには関連図書まで買いに行ってしまうこともしょっちゅうあります。

これこそ、まさにプラスのスパイラル。

本棚の本を、**定期的にまるごと入れ替える習慣**をつけるのもお勧めです。

本棚と本そのものをきれいに拭くと、さらに情報をうまく使うことができるようになるでしょう。

O型

バスルーム＋寝室＋玄関
リセット＆エネルギー充電で運気の底上げ！

外に出たらアクティブに行動するパワフルなO型は、外と家、オンとオフを上手に切り替えることがポイントになります。

基本的に負けず嫌いなところがあるため、外に出たら何事にも一生懸命取り組んでいきます。だからこそ、家に帰ってくると気が抜けて、一気にパワーダウンということも……。

そこでO型の人には、**疲れを取ってリセットする「そうじ力」**が必要です。

疲れを取るもっとも効果的なパワースポットは、**「バスルーム」**です。

体の疲れだけでなく、知らず知らずにたまっているストレスをきれいさっぱり洗い流すことができます。バスルームが黒カビや湯アカといったマイナスエネルギーを発する汚れがある空間では、その効果は激減。

まずは、そうじをして清潔な空間をつくり上げ、プラスの磁場づくりをしておきましょう。**水は情報と波動を受け取る性質があるので、好きな音楽をかけたり、好きな香りで満たしたりするのも効果的**です。プラスの磁場空間で毎日自分をリセットすれば、心も体もすっきり軽くなるはずです。

次に**エネルギー充電**です。

人は眠ることで心と体にエネルギーを蓄えています。**「寝室」**はそのための場所。極力、余分なものは置かないようにして、快適な眠りを演出してください。リネン類は、オーガニックコットンなど自然素材のものを選ぶと、体が芯から休まります。

寝室をそうじするときは、水の流れる音など自然を感じさせる音楽をかけながらす

Bed Room
玄関
Bath Room
リセット
&
エネルギー充電

ると効果的。無心になって雑念は消え、拭きそうじが終わる頃には、あたたかな気持ちになっているのに気づくでしょう。

仕上げは、全体の運気をパワーアップさせる「**玄関**」です。

玄関は、プラスのエネルギーも入ってきますが、マイナスのエネルギーも入ってきます。だからこそ、プラスのエネルギーだけを取り入れ、マイナスのエネルギーは出しきって、シャットアウトする必要があります。

そのためには、まず**換気**。

換気を充分に行なったら、要らないものを捨てましょう。

靴やカサは出しっぱなしにせず、きちんと収納します。**玄関を広々と使うことで、エネルギーの出入りがスムーズになります**。

そして、玄関の床は水拭きを。ドアは内側だけでなく、外側も拭いてください。それによってプラスのバリアを張ることができます。

これにより、家全体を包むような大きな幸せの磁場をつくり上げることができます。

AB型

クローゼット＋照明
意識的に気分を切り替えて自分を解放！

自分の中にA型とB型の特徴を併せ持つAB型は、どこか矛盾を抱えやすい部分があるようです。それが強く出てしまうと、周囲には理解しにくいといった印象を与えかねません。

そうじにおいては、基本的にきれいにしている人が多いようですが、あるAB型の友人を持つ女性が、こんなことを言っていました。

「高級マンションに住んでいて、誰もがうらやむおしゃれな生活をしているんですが、よく見てみるとフロアの隅にホコリがたまっていたり、キッチンの排水溝が汚れていたり、そのギャップに驚くことがよくあります。

先日自宅パーティでお邪魔したときにお手伝いをしたんですが、最後に洗い物をするついでにキッチンをサッと磨こうとしたら、『勝手なことをしないで！』とすごい剣幕でした」

確かに、彼女の友人に限らず、私の知り合いにも、そうじに関してとても積極的でこちらが驚くような「そうじ力」論を話してくれるのですが、意外と「きれいに見えて、近くで見ると驚くほど汚れている」「ブランド服を着ているけど、よく見るとシミやほつれがある」ということがあります。

理想と現実のギャップにストレスを感じやすくなっているときは、**見た目を磨く効果があるクローゼットのそうじがお勧めです。**

普段からきれいにしておくことはもちろんですが、本当はこうしたいのに……、本当はこうなりたいのに……という思いがわき上がってきたときは、ぜひ試してみてください。

自分を解放
Light

またAB型に限らず、こうあるべきと自分を責めがちな人や本音を言えない人は、そのストレスがたまり、結果クローゼットなど見た目に関係する場所が乱雑になっていきます。

そこで、行き詰まったときは、タンスやクローゼットの中の洋服や下着、バッグなどをすべて取り出してみてください。ワンシーズン着なかった服は捨てるなど、ルールを決めて捨てていきましょう。

それだけでも、心が軽くなるのを実感できるはず。人間関係においても、いままでよりラクに付き合えるようになったと感じるでしょう。

さらに、「照明」にもこだわりを。外と家の境界線をはっきりとさせるために、間接照明を効果的に使うのがお勧めです。自分がゆったりとくつろぐスペースの近くに設置して、癒しの空間に仕上げましょう。

また、家に帰ったら好きな香りのミストをまくなど、何か決めごとをしておくと「家に帰ってきたな。自分を解放しよう」と、気分の切り替えがスムーズにできるようになります。

そうじが終わったら、そんな工夫も生活に取り入れてみてください。

◆願いをかなえる「そうじ力」

「部屋は人の心がつくる」と考える「そうじ力」では、部屋を通してその人が抱える問題や、どうしたらそれを解決できるのか、願いをかなえるにはどうすればいいのかを、具体的な方法で提案しています。

先の血液型別の部屋との関わりに加えて、部屋が持つ意味や願いのかなえ方を参考にしてみてください。

本章で紹介する項目は、「運をよくするそうじ力」の基本。

これまでそうじ力を実践されてきた方もおさらいの意味で読んでみてください。

読むだけでも、そうじ力を意識することにつながります。

◎金運をアップしたい人は…トイレ

毎日毎日、体の毒素を受け止め、きれいに流してくれるトイレは、家の中でもっとも重要な場所です。人は排泄できなければ生きていけませんし、トイレ以外にその排泄を助けてくれる場所はありません。

そんなトイレが汚れているとしたら、感謝の気持ちが持てなくなっている証拠。そうなると、人間関係に乱れが生じて、すべての運気に悪影響を及ぼします。

ですからいまこそ、トイレに対する意識を変えてください。

これが最初の一歩です。すべての豊かさを生み出すのはトイレです。感謝の気持ちを強く持って、そうじをしましょう。

「いつもありがとう」と言いながら、便座、便器、床、換気扇までを磨いてください。定期的に分解できるものはすべて分解し、徹底的にやってみましょう。

磨き終わる頃には、周囲の人に対しても自然と「ありがとう」という気持ちが持てるようになり、感謝のサークルがどんどん広がっていきます。

人間関係が目に見えて円滑になっていくので、結果的に金運もみるみるよくなってきます。

磨けば磨くほど、この効果を実感する人が多いので、ぜひ毎日やってみてください。

◎愛で満たされたい人は…キッチン

おいしい料理をつくり出すキッチンは、愛情がダイレクトに表われる場所です。おいしいものを食べると、人は幸せな気持ちになりますね。大事な人と一緒に食べれば、その幸せは二倍にも三倍にもなるでしょう。

愛する人のために一生懸命つくった料理は、必ずその愛情が相手の心に届くもの。愛で満たされたいのであれば、まず相手を愛で満たすことです。

また、ひとり暮らしであれば、まずは自分を愛する気持ちで料理をつくりましょう。

自分を愛せない人が、人を愛で満たすことはできないからです。

でも、キッチンが汚れていたら、そんな愛を生み出す気力すらわいてこないでしょう。

いざ料理をしようというときに洗い物がたまっていたり、調味料がいろいろなところにバラバラに置かれていたり……。これでは、愛は生み出せません。

だからこそ、キッチンは常に清潔にし、使いやすく整理をする必要があるのです。

まずは必要のないものを捨てて、空間をすっきりとさせます。

次に調理器具や調味料をあるべき場所に収納し、整理整頓です。

最後の仕上げは、鍋や皿、シンク、排水溝、冷蔵庫、電子レンジ、ガスレンジ、換気扇などの汚れ落とし。

コツはできるだけ簡単なものから手をつけること。最初から大きなものやガンコな汚れに取りかかるのは、挫折のもとになります。

磨き上げるときは、あなたがつくった料理を食べる相手の喜ぶ顔を想像しながらやると、その愛情がいい磁場をつくり、愛で満たされた空間ができ上がります。

きれいなキッチンでおいしい料理をたくさんつくれば、愛に満ちた毎日がすぐにやってくるはずです。

◎もっと自信を持ちたい人は…洗面所

洗面所は、毎日「素の自分」に会える場所です。朝起きたときや、お風呂上がりなど、ありのままの自分の姿を映すことが多いからです。

そんな洗面所が汚れていると、だんだん自分に自信が持てなくなっていきます。自分を直視することができなくなって、メイクやファッションでごまかそうとしたり、ますます無理をしたり……。

精神的にも疲れがたまってしまい、ネガティブな考えにハマッてしまうことも。これは汚れというマイナスエネルギーの罠です。そうじをして、心のくもりを払い、プラスのエネルギーで満たしましょう。

そうじのポイントは、鏡と排水溝です。

鏡は中性洗剤を薄めた液を染み込ませたぞうきんで拭いたあと、から拭きをして光らせます。水滴がつきやすいので、使うたびに拭き取るクセをつけておきましょう。

排水溝は髪の毛などで詰まりやすい場所です。髪の毛やゴミをすべて取りのぞいたら、古い歯ブラシなどを使って、奥まで磨いてください。

洗面台や収納棚もきれいに磨いて仕上げれば、美しさを生み出す空間が完成します。

きれいな洗面所の鏡に映るあなたは、それまでのあなたと何かが違っているはずです。そして、自分が持つ本来の魅力をきっと見つけることができます。それに気づくことができれば、毎日の生活がきっと輝きに満ちたものになっていくでしょう。

◎自分をリセットしたい人は…浴室

一日を過ごした体は、外気の汚れや疲れ、ストレスといったマイナスエネルギーにまみれています。シャワーで汚れを洗い流し、たっぷりのお湯を張ったバスタブに浸かれば、体にまとわりついたしがらみからも解放されるのを感じます。

そんな浴室はまさに癒しの空間ですが、もし汚れていたら逆にマイナスエネルギーを受ける場になりかねません。

せっかく全身をきれいに洗っても、黒カビや湯アカ、排水溝にからまった髪の毛などからは、どんどん負のエネルギーが出てくるので、それをまた身にまとってしまうことになるのです。

お風呂に入ったのに疲れが取れないという人は、この影響を受けていると考えられます。

リセットした自分をプラスのエネルギーで満たすためにも、そうじをしましょう。カビはカビ取り剤できれいに取り、湯アカもすっきり落とします。換気扇や排水溝の汚れも取り去り、流れをよくしておきます。バスグッズが古くなっていたら、新しくするのもいいでしょう。

きれいな浴室はプラスのエネルギーで満たされています。好きな香りの入浴剤を使うなどして、心と体をリラックスさせて、明日への英気を養ってください。

◎ストレスを感じている人は…排水溝

洗面所やバスルーム、キッチン、洗濯機の排水パン、ベランダなど、家にはたくさんの排水溝があります。

排水溝の役割は、家の汚れを外に流すこと。その排水溝が汚れていると、自分の身の回りの流れも悪くなり、行き詰まりを感じるようになります。人間関係や仕事、金回りなど、すべてにおいて流れが悪くなっていくのです。

運気の流れをよくするために、常に家の中のマイナスエネルギーを排水溝から流しだす状態にしておきましょう。

排水溝は放っておくと、カビやホコリなどで予想以上に汚れていきます。もう汚れてしまっている場合は、勇気を持ってフタを取ってみてください。そして、分解できるものは分解し、詰まっているゴミは取りのぞき、すべてをきれいに洗います。

排水溝は、そうじ力実践者の中でも特に女性からの反響が多い場所です。

精神的なマイナス要因を取りのぞくきっかけになり、人間関係もスムーズになったという声が多く届きます。ストレスを感じているとしたら、ぜひそうじをして、心の疲れを洗い流してください。

◎即、運気を上げたい人は…玄関

玄関は、エネルギーの出入り口です。

プラスのエネルギーを取り入れ、マイナスのエネルギーは外へ出す。これが本来の姿ですが、汚れがたまったり、要らないものであふれかえった乱雑な玄関では、プラス・マイナスが逆転する事態になりかねません。

ですから、まず不要品を捨てましょう。もう何年も履いていない靴や、いつ使うかわからないスキー板、捨てようと思いながら置きっぱなしになっている雑誌や古新聞。それらはみなマイナスのエネルギーを発しています。

不要品がなくなったら、ホコリやドロといった汚れを落として、磨き上げます。そのとき、ドアは内側だけでなく外側もしっかりときれいにしておきましょう。こうすることで、家はプラスのバリアで守られることになります。

玄関をきれいにそうじし、プラスの磁場にしておくと、いいエネルギーがどんどん引きよせられて、玄関から家に入ってきてくれます。まさに人生をいい運気で満たしているのと同じこと。

すぐに玄関をそうじすれば、明日にはその変化が訪れるでしょう。

◎家族の結束を高めたい人は…リビング

家の中心であるリビングは、人でいえば心臓のような役割を持つ場所です。家ではリビングを中心として、トイレに行ったり、キッチンに行ったりと移動をします。そしてまたリビングに集まってきます。

家のエネルギーが集まるリビングが汚れていると、家族間の調和が崩れていきます。ゴミや不要品が発するマイナスエネルギーの影響で、だんだんと笑顔がなくなっていったり、その場に集まることも減ってくるのです。リビングがマイナスの磁場になると、そのうち、家全体のムードが暗くなってしまいます。

いつも笑顔でいっぱいの楽しい家にするためにも、リビングをプラスのエネルギーで満たしましょう。

そうじをするときは、家族の笑顔や笑い声をイメージしながらやっていきましょう。楽しい波動は必ず家族に伝わります。

リビングはいつも換気を心がけ、風通しをよくしておきます。テーブルを磨いて、不要なものは捨てるかしまうかします。

フローリングの床は水拭きをしてから、から拭きで仕上げを。定期的にワックスを塗ってツヤを出すと、さらにプラスの効果があるのでやってみてください。

じゅうたんや畳は掃除機をかけ、ひどい汚れは専用の洗剤を使って拭き取るようにしましょう。

◎体と心を元気にしたい人は…寝室

寝室は体を休めて疲れを取り、エネルギーを充電するための場所です。

そんな寝室が汚れていたり、乱雑になっていたら、しっかり充電できなくなります。また体の疲れが取れないだけでなく、気が休まらなくなり、集中して物事に取り組めなくなるので、心の疲労感まで抱くようになってしまいます。

一日の終わりと始まりを迎える寝室は、できるだけ視界に入るものの量を減らし、心が休まるインテリアでまとめておきましょう。そうすると、目に入るのはきれいに整理整頓された空間になり、心がプラスのエネルギーに満たされてきます。


また、ホコリが充満することがないよう、常に換気を心がけてください。タンスやクローゼットの上も、ホコリがたまりやすいので、定期的にぞうきんで拭きましょう。床も同様です。

シーツやリネン類をこまめに洗い、清潔を心がけるだけでも、睡眠の質が格段によくなるので試してみてください。

◎すぐに疲れを取りたい人は…照明

家の照明が暗いと、エネルギーがダウンします。それは、照明の明るさと心の明るさは比例しているから。つまり、明るい照明には、心を照らす効果があるのです。

私自身、家の玄関の照明を四十ワットから八十ワットに変えた途端、玄関に入った瞬間疲れが吹き飛ぶ感覚を味わいました。

レストランなどでムードづくりのため、暗い照明を使うことがありますが、家での照明とは根本的に意味合いが違うということを、忘れないでください。

まずは家中の照明をチェックしてみてください。どこか古くなっている電球はありませんか？　カサに汚れがたまって、暗くなっていませんか？

特に玄関の照明は暗めの家が多いようですが、明るくすることで「家に帰ってきてよかった」と実感できるはず。また、外で働いている旦那さんに、「いつも家をきれいにしてくれて、ありがとう」という奥さんに対する感謝の気持ちが生まれる効果もあります。

家の中の照明をすべて明るい電球に変えて、疲れ知らずの毎日を送りましょう。

◎迷いを断ち切りたい人は…クローゼット

洋服やバッグというのは、自分を表現するアイテムです。それが収納されているクローゼットが整理されずに、ごちゃごちゃしているのは、自分自身に迷いがあるということ。がんばっているつもりなのに、なぜか周囲から評価されないと感じることもあるでしょう。

実際、洋服は女性が捨てられないもののナンバーワンです。

またストレスを感じると、ついつい衝動買いをしたり、自信のない自分を服を買って着ることでごまかそうとしたり……。そのようなケースは実に多いのです。

そんな状況から脱出するには、まず洋服を「捨てる」こと。パンパンに詰まったクローゼットだったら、半分以上捨てても問題はありません。

古い洋服を捨てて整理をしていくと、だんだんと自分自身のことがよくわかってくるようになります。とても冷静に、何が好きで何が嫌いか、何がしたくて何がしたくないかを見きわめることができるようになるのです。その結果、迷いが断ち切られ、抱えている問題の解決法まで見えてきます。

洋服を捨てるのがむずかしいと思うのは最初だけです。一歩でも踏み出せば、必ずやり遂げることができます。

そして、そのあとは迷いのない、明るい未来に向かって歩いていけるはずです。

◎知性を磨きたい人は…本棚

本棚、もしくは本や雑誌を置いておくスペースが乱雑な人は、成長が止まっている危険があります。

読書は新しい知識を獲得し、教養を高めるのはもちろん、自分と向きあうことができるすばらしいものです。

でも、本棚がホコリをかぶり、中に何が入っているのかもわからないとしたら、それはすでに古い考えのまま、思考が止まってしまっているということです。

本棚は常に新しい知識や情報で満たしておくことが大切。そして、現状で持てる分だけ保有することです。部屋のスペースと相談しながら最初に冊数を決めて、そこに入りきらない分は捨てるようにしてください。また、一冊買ったら一冊捨てる、とルールを決めるのもいい方法です。

そして、一カ月に一度くらいは本の場所を移動させましょう。こうすることで、常に本棚の中にある本を把握することができますし、何年も手にしていないような不必要な本はなくなります。

常にシャープな本棚を目指して、新しい情報で満たしておきましょう。そうすれば、おのずと自分自身の知性も磨かれていきます。

◎良縁が欲しい人は…窓・ベランダ

人と接触したくなくなる、気分が落ち込みやすい、体がだるくて何をするのもおっくう……。いずれも最近よく耳にする「プチ鬱《うつ》」の症状でもあります。これは、窓が汚れていると起こる現象です。

窓は家の中から外が見える唯一の場所。そこが汚れてくると、外部への関心がなくなっていきます。まるで心の窓が閉じたような状態になります。

このままでは人間関係がどんどん狭くなっていき、良縁を見つけることもできません。まず、窓ガラスについた汚れを取りのぞいて、プラスのエネルギーをどんどん取り込めるようにしましょう。

窓ガラスは水拭きのあと、から拭きをします。T字型のゴムがついている「スクイジー」を使うと、よりすっきりと仕上げることができます。

サッシレールには、ドロやホコリがたまりやすいので、乾いている状態のときに汚れを硬めの小さなブラシで崩し、掃除機で吸い取ります。そのあと水拭きをしましょう。

またベランダには、不要品やゴミを置いてはいけません。マイナスエネルギーの発信源があると、必ずそこには悪いエネルギーが集まってきてしまいます。事実、犯罪が起こる家のベランダは汚れているケースがほとんど。

すっきりと片づけ、花や緑で飾る余裕が持てる頃には、きっと良縁がすぐ近くまでやってきているはずです。

◎子どもの才能を伸ばしたい人は…子ども部屋

子ども部屋は、家の中で唯一子どもが親から離れている場所です。

子どもは自分だけの世界をそこに持ち、自立心を養ったり、個性を持ったりします。

でも、そこが汚れていたり、モノが散らかった状態だったりすると、集中力を発揮することができなくなり、落ち着きがなくなります。

子どもの才能を伸ばすためにも、子ども部屋はいつもすっきりと片づき、清潔に保たれている必要があります。


しかし、いくら才能を伸ばしたいからといって、親がそうじをしてあげるだけではいけません。必ず、子どもと一緒にやってください。

そのとき、そうじをするといいことがある、というメッセージを伝えましょう。

「そうじをすると気持ちいい」

「整理すると、勉強がはかどるね」

「片づけると部屋が広くなって遊びやすいでしょう」

など、なぜそうじをするのかを必ず伝えながら、まず親が実践してみせます。

楽しそうにそうじをする親の姿を見れば、子どもは、自分もやると言ってきます。

そうして、そうじを通じて心の交流もはかっていきましょう。

これは我が家でもやっている方法ですが、いまでは上の娘（四歳）はすっかりそうじ上手です。


一度身につければ一生役立つのが「そうじ力」。子どものうちから実践することで、たくさんの幸運を呼びよせることができるはずです。

第4章

「そうじ力」と血液型で効果が倍増！

——〝組み合わせ〟でいいことをどんどん引きよせる！

血液型による「そうじ力」を知るだけで、効果は二倍になる!

「そうじ力」の本を読み、「自分の人生を変えよう!」「自分を変えたい!」と、多くの方がそうじを実践されています。

実際に、やってみた方からは、**気持ちがすっきりしたとか、自分のやるべきことが明確になったとか、ずっと抱えていた悩みが解決したとか、人生が好転したとか**、本当にさまざまなうれしい報告をいただいています。

そうじは、もちろんひとりでやることもあれば、パートナーや家族と一緒にやることもあるでしょう。

そうじ力を実践していると、自分にとても正直になっていきます。そのため多くの人がぶち当たる壁というのが「相手との関わり合い」です。これで悩む人は案外多いのです。

親元で暮らしているある二十代の女性は、そうじ力の本を読んでとても感動して、まず自分の部屋をきれいにしたら、会社でも、営業成績がグーンと伸びたり、彼氏ができたり、本当にすばらしいことが次々に起こったそうです。

と、同時に、自分の家の他の部屋がものすごく気になりだしたそうです。たとえば、トイレや浴室、キッチンなどです。

そこで、そこを自分なりにそうじしはじめたところ、家族から「勝手なことをするな」と言われたり、また、汚してばかりいる家族に腹が立って、トラブルが起こるといった逆の作用も出てきたそうです。

こういったメールが私のところにたくさん届きます。

相談に対して、いろいろな角度から答えていますが、ディテールはそれぞれ違うにせよ、**解決する方法をひと言で言えば「相手を理解する」ということ**です。

そう、理解すれば解決するのです。

相手を理解するということは、自分を知るということでもあります。

あとで詳しく書きますが、私の妻はA型ですから、自分の好きなところしかそうじをしたがらないB型の私に対して、腹を立てることもしばしばありました。

ところが最近では、私が「その気」になるよううまくノセるので、気がついたら家中をきれいにそうじしていたということもよくあります。

もちろん、やらされているという感覚はなく、そうじをしたことで、自分自身もすっきりすることができます。

そういう意味で、家族であろうがパートナーであろうが、家であろうが職場であろうが、**血液型による相手の考え方や行動のパターンを知ることで、マイナスが取りのぞかれたプラスの磁場をスムーズにつくることができます。**

これにより、幸運をどんどん引きよせることが可能になるでしょう。

A型×A型　ここを尊重できれば一気にプラスの磁場に！

感性が似ているA型同士の関係は、一見穏やかです。

普段はお互いの考えていることを思いやって相手を尊重しているので、衝突なども少ないでしょう。

しかし細かいところに目がいってしまうと、相手のほんのちょっとしたことが気になってしまいます。

たとえば、昨年結婚したある女性は、彼が洗面所やキッチンで、水滴を飛ばしたまま放っておくのが気になって仕方がないそうです。

それを指摘すると、「水はきれいだから放っておいても大丈夫」と言って取り合ってくれません。水滴を放っておけば水アカになるので、彼女は彼のそういうところが許せません。

彼は彼で、彼女の掃除機のかけ方が雑なのが気になります。

お互いがきれい好きを自負している二人は、自分を否定されるのが悔しくて仕方がありません。結局言い争いになってしまうらしいのです。

このように相手の〝アラ探し〟になってしまっては、A型のよさが発揮されないどころか、磁場はどんどん壊れていきます。

相手に文句を言わせないことがきれいにする目的になってしまって、どんどん「雰囲気の悪い（磁場のよくない）きれいな部屋」になるでしょう。

これでは、「そうじ力」とはかけはなれてしまいます。

原因は細かいところをつついてしまうところにあるのですから、気づいた点を責めるのではなくフォローしあうといいでしょう。そして、お互いにフォローしてもらったら、「ありがとう」と感謝の気持ちを伝えることが大切。

鏡についた水滴を、チクチク文句を言いながら拭いていたけれど、何も言わずに拭くようにしたら、夫が「ありがとう」と言ってくれた。うれしかった。「ありがとう」。そうしたら、今度は夫が掃除機をきれいにかけてくれた。また「ありがとう」。そうすると、同じきれいな部屋でも雰囲気がまったく違うはずです。

もともと全体を客観的に見られるA型同士が、お互いを認めあってそうじをしたときは、すばらしいプラスの磁場ができ上がります。

そうじ力◆アドバイス　お互いの得意な部分をホメて感謝しよう

A型×B型 このこだわりを理解できますか?

B型は常にマイペースです。自分のやりたいことに向かって、どんどん進んでいきます。でも全体を見ることなく、自分の好きなところしかやらないため、A型がフォローをしていくという形になります。

そうじにおいては、A型が自分で計画を立てて進めていこうとします。

A型「リビングのそうじをやっておいてね」
B型「うん、わかった」

……そして一時間後。

自分の持ち場のそうじを終えたA型が、B型の様子を見にいくとまったく手をつけていないのです。

そこでA型は爆発します。でも、その怒りに対してB型は「だって、やりたくないんだもん」のひと言で終わり。結局、A型がすべての部屋のそうじをするハメになるのです。

私たち夫婦もこの組み合わせですが、最初の頃はここに書いてあるようなことが原因でよく衝突していました。こちらとしてはいいと思ってやっていることを、妻はとてもストレスに感じていて、「あなたにはもうついていけない！」と爆発することもしばしばでした。

B型に何かを頼むときは、押しつけてはいけません。まず「どこをやりたい？」と聞いて、好きな場所を選ばせましょう。

B型のこだわりを認めて、A型がさりげなくサポートする感じです。

では、B型がA型にそうじをやってもらいたいときには？

そのときは、「私は苦手だから、やってもらえない？」と頼むのがいいでしょう。

B型は自分の好きなところはとにかく集中してやりますが、それ以外はまったく興味を示しません。そういう自分の苦手なところを自覚して、そこをうまくフォローしてもらえるようにしましょう。

ところでB型の場合、他はすべてA型にやってもらって自分はトイレだけ、ということはよくあります。しかも、A型に手伝ってもらっておきながら、自分のやったことにしか興味がありません。そうしてピカピカに磨き上げたトイレを自慢します。ですから、**部屋がきれいになったら、B型はA型に感謝の気持ちを伝えること。**

これこそが、いい磁場をつくり上げるコツです。

そうじ力✦アドバイス **集中力のB型をA型が理解して進めよう**

A型×O型　一緒にやることで得られるメリットを大事に

もともと決断力があるO型は、そうじをしようと思い立ったら実行する際も迷いはあまりありません。

たとえば、「今日は捨てる日」と決めたら、四の五の言わず、ゴミ袋片手にどんどん要らないものを処分していきます。

それは、まさにブルドーザーで部屋にあふれるものをガーッと押し出していくような感じです。捨てる気になっているときは、ダイレクトメールなどは中を確認することもせずに捨ててしまいます。

そして、いつしか捨てるものの対象は家族やパートナーの所持品に。

相手がA型の場合、起こりやすい問題は、A型が「いま必要でないもの」も大切にとっておいたりするときです。

「これ、捨てていい?」

何も考えていないように見えるO型のこのひと言に、A型は納得がいきません。

A型「それは、いま使ってるわけじゃないけど、あとで使うんだよね」

O型「あと、っていつ?」

A型「えーっと、ちょっとまだはっきりしないんだけど……」

と説明が始まり、O型も話をいちおうは聞きますが、A型の説明が、だんだん対象物とは違う方向にいってしまうと、O型は「うん、うん」と頷《うなず》くだけで、他のことを考えはじめます。

要は話の半分も聞いてはいないのです。

O型「じゃあ、捨てるね」

と、さっさとゴミ袋に入れてしまうこともあります。

A型が迷っていても、自分が要らないと判断すれば、捨てようとする強引さがO型にはあります。

ですから、O型と一緒にいるA型は自分の大切なものを常に管理しておく必要があります。目につくところに置いておいたら、なくなっても文句は言えません。

必要なものがあるなら、短い言葉で「これは、放置しているわけではない」ということを印象づけましょう。

O型もA型が、自分なりのルールでモノをとっておいていることを理解すれば、先のようなトラブルは避けられます。

自分が片づけたいと思ったら、モノそのものの説明ではなく、どういうふうにいつ捨てるのかを聞いてみましょう。

A型は自分なりの理由がしっかりしていますから、そのときが来たらきちんと捨てるはずです。

O型自身も、こういうA型と付き合うことで「待つ」ことを覚えることができるし、ただ単にそうじをするだけでなく、捨てる目的もきちんと考えることができるようになるはずです。

A型の人は、一見何のルールもなく自分の気が向いたときだけ一方的にそうじを始めるO型に、「勝手じゃないか」と思うこともあるかもしれません。

そんなときにA型はO型に対して、

「あなたは雑だよね」

「自分はここをいつもきれいにしているけど、そういうことは苦手だよね」

などという言葉を口にしがちです。

そんなふうに責めるのではなく、「捨てるものの中には大切なものもあるんじゃないの?」と気づかせるようなアドバイスをしたり、片づけるべきときにO型の気分が乗らないときは、うまくフォローしてあげたりするといいでしょう。

基本的に大掃除などの、大きな行動をするときのO型はとても頼りになりますから、そういうときは、O型に主導権を握ってもらい、日常はA型が細かくやることで、お互いの存在価値も高まります。

「そうじ力」を通して、お互いの気持ちを確認しあうこともできて、それぞれにフォローしあい、楽しいプラスの磁場がつくられていくはずです。

そうじ力◆アドバイス　大きなそうじはO型、細かいところはA型。役割分担しながら行動を

A型×AB型 リードは合理的なAB型にまかせて

原因と結果をしっかり見きわめてから行動するA型と、そうじという目的に向かって効率よくスケジュールを組むAB型は、始める段階ではお互いに納得ができてうまくいきます。

A型「今日はお天気もいいいし、本格的にそうじしない？」
AB型「そうだね。じゃあさ、まずは、水回りからやろうか」
A型「そう？　まずはリビングを片づけてからのほうがいいんじゃない？」
AB型「いや、いつも片づけからやって最後水回りが面倒くさくなって、結局やらないことも多いしさ。先にやったほうがいいよ」
A型「あ、なるほどね～。じゃあ、そうしよう」

こういうふうに話し合いが好きな二人は、そうじの計画を立てていきます。ルールがわかれば、それをその通りに実行するのは得意なA型は、どんどん作業を進めていきます。

ところが、問題が起こるのは、**AB型にB型の一面が顔を出したとき**です。

話し合いまではよかったのですが、実際に作業を始めると、AB型に急に個人主義の顔が出てくることがあるのです。

さらには、途中でいきなり作業を止めて、他のことをしはじめることさえあります。

A型は協調性がありますから、誰かと一緒にそうじをするのは苦になりません。またきちんと筋道を立てて行動するタイプなので、AB型が突然プランを変更したり、自分だけで何かを始めて自分の世界に入ってしまったりするのは、なんとなく納得がいかないでしょう。こういうことが続くと、A型にとってはストレスになります。

気まぐれとも見えるAB型の変わりように、A型は戸惑ってしまうことがあるかもしれません。でもAB型の計画変更には必ず理由があります。その行動だけをとらえてイライラするのではなく、きちんと理由を説明してもらいましょう。
案外、新しいプランのほうがより合理的だったりすることもあります。

AB型の思考のパターンがわかれば、A型も、「ああ、また別のことを思いついたんだな。で、今度はどういうふうになるの?」と、楽しむ余裕も生まれるでしょう。基本的には合理的なAB型ですから、そうはずれたことは言わないはずです。
また、突然そうじを止めて別の行動を始めたときも、そういうものだ、ということが法則として A型の頭にインプットされれば、ストレスにはならないでしょう。

AB型もあまりA型を振り回してしまうことがないよう、相手の意見も二回に一回は汲んであげるといいでしょう。

そうじ力◆アドバイス
AB型の思考パターンをA型は楽しむくらいの余裕を

B型×B型　バラバラの意見は最後まで……？

共通の趣味や仕事を通じて意気投合したときのB型同士の結束力には、他のコンビは敵《かな》いません。

驚くほどの集中力を発揮して、目の前のことに取り組み成果を上げていきます。

しかし、どちらかがそのことに興味を失った途端、それまでの関係はバラバラと崩れます。

「はじめに」でも書いた通り、私の実家は家族全員がB型です。

両親と妹と私で分担を決めてそうじをしても、実際にその通りになされたことはありません。それぞれが好きなところに手をつけて、きれいなところと汚れたままのところに二極化して終わる始末……。

いま思えば、「どこがやりたい？」と全員の意見を尊重して、場所決めをすればよかったのです。

B型同士に必要なのは**結束力**です。**常に同じ目線で意気投合させていきましょう。**

共通の目的といっても人それぞれだと思いますが、わかりやすく説明すると、たとえば、「今日はすき焼きだよ！」と共通の目的を設定します。

すると、せっかくだから部屋はきれいにして気持ちよく食べたいよね、という気持ちで結束します。

結束したときの集中力はすごいもので、一気にそうじを始めて、あっという間に終わらせることができるでしょう。

もし「捨てる」だけに集中しよう、と意見がまとまれば、あとは各自好きな場所から始めて進めていってください。

そのとき、ひとりは「捨てる」、もうひとりは「汚れ取り」でもOKです。そうして、きれいなプラスの磁場が家の中に増えることで、最後までやり遂げることができるでしょう。

集中力が並大抵ではないので、そうじを終えたときには「最強のプラス磁場空間」となるでしょう。

そうじ力✦アドバイス

共通の目的に向かえば強力な集中力が発揮される

B型×O型 衝突すると、子どものケンカに!?

何かに影響されるとすぐにその気になるO型と、情報が集まっても自分が興味がなければ何もしないB型は、一緒に行動すると少しテンポがズレます。

O型「これから部屋をそうじしない？」
B型「うーん。いまはいいや」

……こんなとき、自分は自分、人は人と割り切っているO型は自分ひとりでそうじに取りかかります。そのうち、だんだんB型のテリトリーにまで入っていき、そうじを続けてしまいます。すると、

B型「いま、そうじはやらないって言ってるのに、勝手なことしないで」

Ｏ型「きれいになるんだから、いいじゃない！」

　と、子どものケンカに発展してしまいます。

　ところで、**私をどん底の生活から「そうじ」によって救ってくれた友人はＯ型でした。そう、Ｏ型とＢ型の組み合わせです。**

　これまでの本にも書いていますが、私がそもそもそうじの力を知ったのは、当時ゴミだめのような私の部屋に勝手に入ってきて、

「なんだ、この汚い部屋は！　そうじをしよう」

　と、彼が強引にそうじを始めたのがきっかけです。

　そのとき、私は無性に腹が立ちました。

「自分はこの部屋が好きなんだ。散らかっていてもかまわないいじゃないか」

　すると彼は、

「とにかく、そうじしてみろよ。絶対いいことがあるから」

と私にぞうきんを渡しました。

「え？　どんないいことがあるの？」

「運命が変わるよ」

ゴミだめ生活の中で、何もかもがうまくいっていなかった私は、すぐにはその気になれませんでした。しかし、彼の「俺にまかせておけ、絶対よくなるから」という言葉に負けて、仕方なくそうじを始めたのですが、そこから彼の言葉通りに運命が変わっていったのです。

「ここきれいにしてさ、あとで焼き肉食べに行こうぜ」

そうじのあとのそんな「ごほうび」にもつられて始めたのですが、最終的には部屋がきれいになり、人生がみるみる好転し、そしていまの自分がいます。

ですから、情報の扱いがうまいO型がB型を誘導していきましょう。

ここに書いたように、Ｂ型の好きなことをごほうびとして用意します。映画が好きなら、「そうじが終わったら、一緒に映画を観に行こう」と誘います。するとＢ型は**「映画に行きたいから、そうじをする」という思考に変わっていきます。**

あとは、Ｂ型の好きなところからやらせて、Ｏ型は他の場所を担当してください。

こうして一度手をつければ、Ｂ型はごほうびのために集中してそうじに取り組みます。

Ｏ型が上手にＢ型をノセる。

これが「そうじ力」達成のコツです。

そうじ力✦アドバイス

Ｏ型がＢ型を誘導しましょう

B型×AB型 コツをつかめばうまくいく組み合わせ

完璧主義なところがあるAB型は、仕事でも遊びでもスケジュールを立てるのが得意です。非常に合理的で、いいアイデアを出してくれるので、きちんと説明されるとB型も納得します。

AB型がリーダーシップをとって、B型がそれに興味を示したときは、二人で大変な力を発揮します。

ただし、そのとき無理に強制されたりすると、B型は「うん、わかった」と返事をしながらも、まったく何もやらないということもあります。

だから、AB型はB型が興味を持つ方向へうまく誘導していく必要があります。

そのときのコツとしては、

「こうすれば、こんなにいいことがあるよ」
といった言い方でノセること。

私がハウスクリーニングの仕事をしていたときの社長がAB型だったのですが、いつも、それぞれの個性を生かしたスケジューリングをしてくれました。
AB型なので、本人は、突然プランを変更したり、別のことを始めたり、ということもありましたが、私自身としては、そのプランは効率的なだけでなく非常にやりやすく、そこで自分の力を再発見したのも事実です。

そういうことが積み重なると、B型は「こんなに考えてくれてありがとう」と、プラスの気持ちで集中することができます。

B型からみたAB型とうまくやるコツは、**自分がやりたいことをAB型に相談するといい**でしょう。
AB型の意見やスケジューリングは的確ですから、それを参考にしたほうが、いい結果を生みます。

本来B型はそういことは無視して自分のやりたいようにやるタイプです。最初のうちは、自分のやりたいようにやってうまくいかなかったり、試しにAB型の言うことを聞いてみたら、すごくいい結果が出たりすることが積み重なっていくうちに、とてもいい「そうじ力」の幸せスパイラルに乗ることができるでしょう。

そうじ力◆アドバイス　AB型がB型の才能を生かしたスケジューリングを

O型×O型
団結できる目標をつくろう！

自分の意見をしっかりと持つO型。お互いに自分が主導権を握って行動したいタイプなので、まず最初に、どちらがリーダーかをはっきりさせる必要があります。そうでないと、対立することになりがちです。

私の知り合いのO型同士のカップルは、外ではそれぞれがリーダーシップをとって行動していますが、いざ二人の関係になると、そこが問題になっていました。

O型はその気になったら行動が早いのですが、たとえば、やる気のないとき。

「そうじするよ」

「え、あとでいいんじゃない？　やりたいなら、あなたがやってよ」

「なんだよ、おまえもやれよ」

「どうして、そんなふうに言われなきゃならないの？」

と、対立が始まると、結局お互いゆずらず、部屋は汚いまま。

実際にそうじをしていても、

「俺がこんなにきれいにしたんだ」

「今回は私のほうががんばったわよ」

「おまえ、最初はやる気なかったじゃない」

と、確かに部屋はきれいになったかもしれませんが、険悪なムードになりがち。


こんなふうにお互いを理解しようとしないまま進めてしまうと、どちらかを負かすまで戦いつづけてしまう傾向があります。


そういうときは、共通の敵（目標）をつくるといいでしょう。

たとえば、

「知り合いの誰々さんのおうち、そうじをきちんとやるようになってから、すっごくうまくいっているらしいよ。旦那さんも会社で昇進したんだって。確かにこの間お宅にお邪魔したけど、部屋が前と全然違うよ」

「じゃあ、うちももっと部屋をきれいにしようよ。負けられない〜」

というように、**二人が団結できるような目的を示すとうまくいきます。**

仲がいいときのO型同士は、ものすごい力を発揮します。

O型同士の場合、ぶつかり合いを避けることが第一です。どちらがリーダーシップをとるかが明確になり、協力してやる目標があれば相手を受け入れられるので、常に協力体勢を確認して進めていくことが大切です。

そうじ力◆アドバイス **共通の目標をつくって協力して一緒に進めていこう**

O型×AB型　お互いを認めあう心の余裕が大切

O型は、今日はそうじの日、となったら、自分がリーダーシップをとって、役割分担なども決めて、一斉にやろうとします。ところが、それをAB型は苦痛に感じてしまうことがあります。

先日何かのテレビ番組でやっていたのですが、O型家族の中にひとりAB型のお嫁さんがいて、大掃除をするのですが、何でもみんな一緒に一斉にやりたがるO型のお姑さんとうまくいっていないようでした。

AB型は自分は自分というところもありますから、人と一定の距離を置いて一歩引いたところから、自分のやりたいようにやるのが理想的。強引に自分の世界に入ってこられるのが苦手です。

しかし、O型はそんなのはお構いなしに、「今日はみんなでそうじ」と決めたらどんどん進めようとしますから、トラブルになりやすいでしょう。

ですからO型の人は、AB型の個人主義的な部分を認めてあげる必要があります。AB型はそれを認めてもらえることで、力を発揮します。

また、現実的なO型と、常に理想を追い求めるAB型。相反する部分がある二人の関係は、平行線をたどりながら進んでいきます。

それを自覚したうえで、相手と接していく必要があります。しかし、決して相性が悪いわけではありません。

お互いに違うタイプということは、自分にないものを持っているということ。それを認めたうえで、お互い補いあうというスタンスが取れると、とても良好な関係になります。

「そうじ力」においては、**AB型の理想的なプランを、実行力のあるO型が現実的に進**

めていくという形がベストです。

また、AB型はO型に無理にプランを押しつけるのではなく、提案という形で話し、O型は早く終わるための合理的で最善の方法を成し遂げようという気持ちでいきましょう。そうすれば、常に部屋の中は清潔かつ機能的に保たれていくはずです。

そうじ力✦アドバイス　O型がリーダー、AB型が参謀、でうまくいく

AB型×AB型

互いに干渉しないことが最優先

お互いそれぞれが合理的だと思うスケジュールを立てるタイプです。

とても効率的な内容で、完璧ですが、お互いが批判しあうと大変なことになります。


ですから、**お互いのテリトリーを保ちつつ、評価しあいながら進めるのがコツです。**

プランを立てるときには、

「私はこういうふうにやりたいと思うんだけど」

「あ、いいんじゃない？　それなら俺は、ここから始めるよ」

「それいいね」

というふうにお互いを尊重した形にするのがベスト。

実際にそうじが終わったら、

「きれいになったね。あなたの言ったやり方、すごくスムーズだよね」

「だろ？　でも、キミも手際いいよね」

というふうに、お互いの仕事を客観的に評価してあげることが大切です。


もともとが個人主義で、お互いに「勝手にやろう」というスタンスなので、二人の距離を縮めるには、普段からピタッと一致する趣味や理想が必要です。

「そうじ力」にしても、**無理に一緒にやろうとすると逆効果**。

「三日間で家をきれいにする」などの理想だけを一致させておけば充分です。

あとはお互いのプランを発表して、個々にやりたいようにそうじをしていきましょう。そして、終わったあとにどちらがきれいになったかなど、余計な批判はしないこと。干渉しないことが、うまくやっていくコツなのです。

そうじ力✦アドバイス　理想を一致させて、あとは自分のテリトリーを保ちつつ進めよう

第5章

「そうじ力」効果を即実感できる絶対法則

——これが夢をかなえる一番の近道

5つのステップで人生のマイナスをリセット、プラスに変える！

「そうじ力」と運命には不思議な法則があります。

詳しくは、前著『3日で運がよくなる「そうじ力」』に書いてありますので、ここでは血液型の特徴を生かしてさらに効果アップを望む方に向けて、ここだけは押さえておいてほしいというポイントだけを紹介します。

もちろん、そうじ力上級者の方も、いま一度、〝何のために〟それぞれの作業を行なうのかをしっかりとおさらいしてください。

すべての行動は理念があってこそ、力を発揮するもの。

そのことを意識して行なうことで、劇的に効果が上がるはずです。

さあ、用意はいいですか？

まずは、ウォーミングアップ。心の準備運動から始めましょう。


「部屋はあなたの心理状態を映し出す鏡」です。

人の心の状態を「部屋」が表わしているのです。

あなたの部屋はどうでしょうか？

床にホコリがたまっていたり、読みかけの本やＤＭなどがテーブルの上に置かれたりしていませんか？

キッチンの流しに汚れた食器が置かれたりしていませんか？

それらのモノたちは、マイナスのエネルギーを発しています。

「類は友を呼ぶ」ということわざが示すように、**マイナスのエネルギーでいっぱいの部屋には、どんどんマイナスの出来事が集まってきます。**そんな中でいくらプラス思考を唱えても人生は変わりません。

プラス思考だけではうまくいかない理由はここにあるのです。

ですから、まずは部屋の磁場をリセットすること。そしてプラスのエネルギーで満たすように変える必要があります。**それが、そうじをすることなのです。**

部屋をきれいにすれば、あなたの心は浄化されます。そこで初めてプラスのエネルギーがすんなりと入ってこられるようになるのです。

ですから、いまの自分の部屋をしっかりと認識してください。

そして、それをいまの自分の姿として覚えておいてください。

自分を客観的に見ることは、幸せを引きよせるための絶対条件。

間違った方向に進もうとする自分にストップをかけ、幸せへと通じる道へ第一歩を踏み出させるのです。

人は「気づく」ことで変われます。

私自身もそうでしたし、そうじ力を実践した多くの方の経験もそれを実証しています。ですから、あなたも安心して次のステップへ進みましょう。

効果は必ず表われます！

基本ステップ1「換気」

部屋にプラスのエネルギーの〝通り道〟をつくる！

そうじ力の基本は「換気」です。
換気をする目的は三つ。

1・汚れた空気を外に出す
2・外からプラスのエネルギーを入れる
3・意識的に呼吸をして疲れを取りのぞく

サッと窓を開け放つと、外から新鮮な空気が部屋にプラスのエネルギーを運んできます。すると、いままで何に対してもやる気が起こらなかった人でも、何かを始めたくなってきます。

また、閉めきった部屋の中には、ホコリや人が発する二酸化炭素、熱などで汚れた空気が充満しています。また、人が動くことでホコリやチリが舞い、掃除機を使えば排気によって、空気はさらに汚れます。

汚れた空気をそのままにしておいたら、部屋はやがてマイナスの磁場に。

それだけでなく、汚れた空気を吸っていたら、体の調子が悪くなるのも当然のことです。だから、日々、汚れた空気を外に出すということを忘れてはいけません。

さらに、私たちが絶えず行なっている呼吸ですが、汚れた空気の中にいると、自然と浅い呼吸になっていきます。疲れは取れにくく、また、たまりやすくなることに。

そうじはモノを捨てるときも、すると汚れ取りのときも、思いのほかエネルギーを使います。ですから、パワーが欲しいと思ったときには、すぐに換気をして深呼吸してください。たくさんの新鮮な空気によって力がわいてきます。

そうじをするときはもちろん、毎日意識的に換気をすることで、部屋の中のマイナスエネルギーは減少し、プラスのエネルギーが増加していきます。

実際、私自身が驚くほど、「換気によって運命が変わった」といううれしい報告が届いています。何はなくとも、まず換気。これこそが運気好転の特効薬です。

基本ステップ2「捨てる」

ひとつ捨てるごとに、心もすっきり軽くなる

あなたの人生にとってのマイナスを捨てる作業です。

モノを捨てるというのは、単にモノを減らすということだけでなく、**それまでの自分がまとっていた古い殻、つまりゴミやガラクタを捨てるということでもあります。**

さらには、**迷いを捨てる**ということでもあります。

部屋の荷物の量は、心の荷物の量と比例しています。

部屋がたくさんのモノであふれかえっているとしたら……。

モノに占領されているとしたら……。

必要かどうかわからないガラクタばかりになっているとしたら……。

自分が生活するスペースよりも、要らないものが置かれているスペースのほうが大きかったらどうでしょうか?

ゴミやガラクタからは、マイナスのエネルギーが発せられます。それは、部屋のあちこちにマイナスエネルギーの発生源があるのと同じこと。

要らないものを捨てなければ、新しい自分に生まれ変わることはできません。

捨てる作業に入る前に、このことをくり返しイメージすれば、「捨てられない」というマイナスエネルギーの罠にハマることはなくなるはずです。

☆迷わず捨てられる、5つのポイント

「捨てるもの」と「残すもの」を分ける基準になるのが、次の五つのポイントです。

そして、すべてに共通しているのは、「必要か、必要でないか」ということ。捨てる

かどうか迷ったら、この五つを基準に判断してください。

捨てさせないというマイナスエネルギーの罠は、はじめはかなり手強《てごわ》いかもしれません。でも、一度捨てることができれば、どんどんプラスのエネルギーの応援を得て、スムーズに作業していけるはずです。

①過去――「思い出や栄光」を捨てる

人は過去に生きることはできません。でも、現在の自分の状況が苦しいほど、「あの頃は……」と、過去の思い出や栄光にすがってしまうもの。私自身も、同じ経験があるのでよくわかります。

しかし、輝いていた過去にまつわるものを眺めていて、本当に楽しい気持ちになれるでしょうか？　きっと気分は暗く、落ち込んでしまうはず。

思い出にしがみついたり、すがったりしていては、いつまで経っても明るい未来はやってきません。きっぱり捨て去り、新しい自分へのステップを踏み出しましょう。

②現在――「レベルを下げるもの」を捨てる

古新聞、古雑誌、もう何年も観ていないビデオや本、古くなった化粧品、着なくなった洋服、食べかけのお菓子や食品……。

どれもこれも「いつの間にかたまったもの」ばかりです。その中でも、低俗な内容のゴシップ誌や、刺激的なだけのホラービデオ、ダークな内容の書籍といった、自分の品性を下げるものがあったら要注意。

それらは現在の自分のレベルを下げ、部屋の磁場を乱す要因です。たまりやすいものは、実はなくてもいいもの。迷わず、すべて捨ててしまいましょう。

③未来――「いつか使うもの」を捨てる

「この服、いつか着るかも」「この調理器具、便利なはずだし、いつか使うよね」。

必要なものかどうかを決めるときに、判断を狂わせる「いつか」という誘惑。

でも「いつか」は決して来ません。

私はここに断言します。厳しいようですが、ヤセたら着ようと思って取ってある服は、太っているいまの自分を受け入れられず、逃げているだけです。すべてを捨てて、現状を見つめ直しましょう。そうすれば、おのずとやるべきことが見えてきます。

人は過去に生きることもできませんが、未来に生きることもできません。「いま」をしっかりと生きる覚悟と勇気を持つためにも、想像だけの未来を捨てましょう。

④不安――「もったいないもの」を捨てる

捨てられない理由のナンバーワンは「もったいない」です。私自身、かつてモノを捨てられなかったタイプなので、気持ちはよくわかります。

しかし、間違ってはいけないのは、ほとんど使うことのなくなったガラクタを、もったいないを口実にして残しているケース。これはモノを大事に使うのとは根本的に違います。

使わなくなったブランド品や貴金属、下着や化粧品などを、あらためて身につけてみてください。きっと楽しい気持ちにはならないはず。

そう、使っていないものは、もう役目が終わっているのです。すでに必要がなくなったと、割り切っていきましょう。

⑤残す――「なくなってつらいもの」は残す

必要か、必要でないか、という判断がなかなかできないものもあります。それは、あなたの元気のもとになっている思い出の品です。

それを捨てるかどうか悩みつづけて、夜も眠れないほどであれば、それはきっと必要なもの。古いものがすべて悪いわけではありません。その品を手に取ったり、眺めたりすることで新たなパワーがもらえるものは、残すべきものです。

何度もお話ししているように、「そうじ力」はマイナスエネルギーを取りのぞいて、プラスのエネルギーを引きよせるためのもの。

「捨てる」もそのための行為のひとつであることを、覚えておいてください。

実践ステップ1「汚れ取り」
汚れと一緒に、悩みや迷いを一掃！

汚れを取るという行為には、いくつかの意味が込められています。

ひとつには、**物質的な汚れを取ることで、心の汚れも取れるという効果**。試しに、いますぐテーブルでも鍋でもいいので、拭いてみてください。できるだけ無心で、汚れと格闘していると、イライラしていたこともいつしか忘れ、気持ちがすっきりとしたと感じられるはずです。

カビや汚れはマイナスエネルギーを発しています。それらを取のぞいてきれいにすることで、心の疲れまでもがきれいになくなっていきます。

さらには、**汚れと向きあうことで、自分が抱えていた問題の原因や解決策まで、はっきりとわかってくる**という効果もあります。

あるOLの方は、疲れていることを理由に長い間、キッチンの流しに洗い物をためたままにしていたそうです。「やらなきゃ」と思いつつ、洗い物から目をそむけているうちに、仕事や恋人とのいざこざからも目をそむけてしまっていたと言います。

でも、「そうじ力」の本を読んで「やってみよう」と思い立ち、洗い物を一気に片づけ水切りに入れる頃には、あらゆることに対して客観的に原因と解決策を考えることができたそうです。

トラブルやストレスの原因を見つけ、リセットするイメージを持って、汚れ取りに取り組めば、きっと何かが変わっていくはずです。

カンタン汚れ取りテクニック

汚れ取りの基本的なテクニックとしては、次の四つがあります。

1・そうじ道具を用意する
2・そうじの順序は「上から下」
3・汚れに応じた洗剤を使う
4・きれいな場所はそうじをしない

拭くのか、掃くのかによって、道具が異なりますから、やりはじめてから「あれがない、これがない」とならないように、あらかじめ用意してからやりましょう。

また、せっかく床を磨いても、照明のカサからホコリがどんどん落ちてきたのでは効果が半減です。いっぺんにやる必要はありませんから、「今日は照明のカサだけ」

と一つひとつターゲットを決めて、やってみてください。

洗剤は汚れに合ったものを選ぶのも効果を高めるコツ。

さらに、なぜかそうじを始めると、きれいなところまで手をつけてしまいがちです。でもそれは時間のムダ。汚れているところにだけ手をつけていきましょう。

最後に、鏡、ガラス、金属、ステンレスなど光る素材のものは光らせると、プラスのエネルギーが高まります。キッチン回りなど、ぜひやってみてください。

実践ステップ2「整理整頓」

目的達成までのスピードがぐんぐんアップ!

整理整頓をなぜするのか?

それは、目的を達成するスピードを上げるためです。

何かをしようとするとき、それに必要なものがどこにあるかわからなかったら、探す分だけ時間が余分にかかります。社会で成功している人がいずれも整理整頓上手なのは、そんな時間のロスがいかにムダであるかを知っているからです。

クローゼットを整理して服をきちんとしまっておけば、着たい服がひと目でわかります。調味料をあるべき場所に置いておけば、料理のスピードまで速くなるでしょう。

整理整頓のコツは、**「モノをあるべきところにあらしめる」**こと。これはどこにあるのが一番いいのだろう、と常に考えるクセをつけましょう。

また、モノにコーチングするように、「どこにいたいですか?」と聞きながら行なうのも効果的です。

そして、最後にどうしても行き場の決まらないものがあったら、「何でも箱」に集合させましょう。一つひとつ、どこにあるべきなのかをゆっくり考えて、整理していってください。

実践ステップ3 「炒《い》り塩」

人生の居心地も格段によくなるこの力！

そうじが終了して、きれいになったはずなのに、まだ何だかすっきりしない。

そんなときもあります。それは、部屋のどこかにマイナスエネルギーが残っているからです。

完全にプラスの磁場にするためにも、そんなときは「炒り塩」をしましょう。

やり方は簡単です。

自然塩（必ず自然のものを使う）をフライパンで五分ほど炒り、カラカラにします。それを部屋の四隅に置き、一〇分以上放置してください。最後に掃除機で塩を吸い取り、終了。また、水回りで行なう際には、同様に炒った塩をまいて、最後に水で流してください。

塩は「お清め」の力を持つ、神聖な物質です。

カラカラに炒ることで、部屋の湿気を取りのぞくとともに、部屋に残るマイナスエネルギーも吸着する働きがあります。

炒り塩を行なったあとの部屋は、居心地が格段によくなったと実感できるはず。

また、人がたくさん家に遊びに来たあとなど、磁場が乱されて「なんとなく落ち着かない」と感じたときも、ぜひ試してみてください。

続ければ、人生の居心地もよくなること間違いありません！

（了）

本書は、本文庫のために書き下ろされたものです。

もっと運《うん》がよくなる血液型別《けつえきがたべつ》「そうじ力《りょく》」

著者　舛田光洋（ますだ・みつひろ）

発行者　押鐘冨士雄

発行所　株式会社三笠書房

〒112-0004 東京都文京区後楽1-4-14

電話　03-3814-1161（営業部）03-3814-1181（編集部）

振替　00130-8-22096　http://www.mikasashobo.co.jp

印刷　誠宏印刷

製本　宮田製本

ISBN978-4-8379-6389-9 C0130

落丁・乱丁本は当社営業部宛にお送りください。お取替えいたします。

定価・発行日はカバーに表示してあります。

王様文庫

王様文庫

3日で運がよくなる「そうじ力」

舛田光洋

10万人が実践し、効果を上げた「そうじ力」とは――①換気する②捨てる③汚れを取る④整理整頓⑤炒り塩、たったこれだけで、人生にマイナスになるものが取りのぞかれ、いいことが次々起こります！　お金がたまる、人間関係が改善される……etc. 人生に幸運を呼びこむ本。

「朝2分」ダイエット

大庭史榔

体重8キロ減！　ウエスト10cm減、続々！　今まで、「食事」と「運動」でやせられなかった人は、骨盤に問題があるかもしれません。「ベッドに寝たまま深呼吸」だけで、骨格のゆがみがとれ、体質改善。おなか、お尻、太ももスッキリ！　体がみるみる美しく変わります！

Happy《しあわせ》名語録

ひすいこたろう＋よっちゃん

口にする言葉がすべて〝現実〟になるとしたら……？　本書は天才コピーライターが、毎日が「いい気分」でいっぱいになる〝魔法の言葉〟を選び抜いた名言集。読むだけで人生の流れが変わり、「心のモヤモヤ」が晴れていくのをきっと実感できるはずです！

怖いくらい願望がかなう3分セラピー

安田　隆

たった3分で、あなたに起こる奇跡！　◇「ほしいだけのお金」が手に入る◇異性からも同性からも愛される◇体の不調が一瞬で消える……etc. 本書のセラピーで体と心の不思議な力が目覚めます！　対人関係、仕事、健康のこと、お金、恋愛……願望別に48の方法を紹介。

K40020